Swaminathan Narasimhan
Sreekanth Karuthattu Thuppunni

# Dinâmica temporal do padrão de cultivo em Kerala, Índia

Swaminathan Narasimhan
Sreekanth Karuthattu Thuppunni

# Dinâmica temporal do padrão de cultivo em Kerala, Índia

ScienciaScripts

**Imprint**

Any brand names and product names mentioned in this book are subject to trademark, brand or patent protection and are trademarks or registered trademarks of their respective holders. The use of brand names, product names, common names, trade names, product descriptions etc. even without a particular marking in this work is in no way to be construed to mean that such names may be regarded as unrestricted in respect of trademark and brand protection legislation and could thus be used by anyone.

Cover image: www.ingimage.com

This book is a translation from the original published under ISBN 978-3-659-85985-4.

Publisher:
Sciencia Scripts
is a trademark of
Dodo Books Indian Ocean Ltd. and OmniScriptum S.R.L publishing group

120 High Road, East Finchley, London, N2 9ED, United Kingdom
Str. Armeneasca 28/1, office 1, Chisinau MD-2012, Republic of Moldova, Europe
Printed at: see last page
**ISBN: 978-620-8-33387-4**

# Índice

# CAPÍTULO 1

## INTRODUÇÃO

O Kerala foi formado em 1 de novembro de 1956, na sequência da reorganização dos Estados numa base linguística. Kerala (8° 17' - 12° 47' Norte e 74° 52' - 77° 24' Este) é um dos estados mais pequenos da Índia. Com uma área de 38.86.300 ha, Kerala constitui cerca de 1,18% da área terrestre da Índia. O Estado está dividido em 14 distritos administrativos. O Território da União de Lakshadweep está situado no Mar Arábico, ao largo da costa norte de Kerala. Tamil Nadu faz fronteira a sul e, em parte, a leste, e Karnataka situa-se a norte e a nordeste. O seu maior comprimento de norte a sul é de cerca de 545 km e a sua maior largura é de cerca de 120 km, embora a maioria das partes seja consideravelmente menos larga (Ali 1999). O Kerala pode ser subdividido fisiograficamente em planícies (< 75 m acima do nível do mar), terras médias (75-500 m acima do nível do mar), terras altas (500-780 m acima do nível do mar) e cordilheiras (> 750 m acima do nível do mar) (Iype et al. 1991). As terras baixas compreendem a longa e estreita faixa costeira a oeste, com extensões de areia e remansos. Extensos arrozais e numerosas plantações de cocos dominam a paisagem nesta zona.

Entre o planalto e a planície situa-se o centro, que é um território ondulado, coberto por solos lateríticos, cortado por rios, com colinas e planícies isoladas que conduzem ao planalto coberto de floresta. O arroz é a cultura comum nos vales, enquanto a tapioca é cultivada nas encostas e nas terras altas. Os Ghats Ocidentais, que delimitam Kerala no seu lado oriental, constituem as terras altas dominantes. Enquanto as florestas densas cobrem as cordilheiras superiores desta zona montanhosa, as cordilheiras inferiores têm plantações, intercaladas com florestas. Culturas como o chá, o café, o cardamomo e a curcuma abundam nas altitudes mais elevadas, enquanto nas zonas sub-montanhosas e abaixo dos Ghats são cultivadas culturas como a pimenta, a borracha e o gengibre. A montanha contínua é quebrada apenas pelo Palghat Gap, um vale transversal com cerca de 25 km de largura que a atravessa, dividindo nitidamente Wayanad e os Nilgiris das colinas Nelliampathi do distrito de Thrissur, a sul (Ali 1999).

O planalto de Wayanad, com 95 km por 50 km, a uma altitude média de 900 m, é interessante pela sua avifauna e outra fauna. Os rios de Kerala abençoaram o Estado com uma abundância de recursos hídricos. Quarenta e quatro rios atravessam o Kerala. Os maiores rios são Bharatapuzha, Periyar, Pampa e Chaliyar, com mais de 160 km de comprimento, enquanto todos os outros são relativamente pequenos, com um comprimento médio de cerca de 64 km (Sreedhara Menon 1997). O Estado possui uma vasta gama de caraterísticas físicas que resultam numa diversidade correspondente de caraterísticas climáticas. As altas cordilheiras de Kerala têm um clima fresco e temperado, enquanto as planícies são quentes e húmidas. A temperatura varia entre 19,8 °C e 36,7 °C. Devido à natureza montanhosa do Estado, este recebe chuvas intensas. No entanto, existem algumas zonas de sombra que recebem menos de 1.000 mm de precipitação. A zona de sombra mais importante é o Santuário de Vida Selvagem de Chinnar (uma IBA), onde a precipitação é de cerca de 500 mm. Contudo, na maioria das outras zonas, a precipitação média anual varia entre 1 520 e 4 075 mm, sendo junho o mês de maior precipitação.

A Índia é um grande país com uma grande diversidade agrícola. As diferentes regiões apresentam caraterísticas completamente diferentes, pelo que não é possível conceber um único plano para todas as regiões agrícolas do país. A parte da agricultura no rendimento nacional é frequentemente considerada como um indicador do desenvolvimento económico. O sector agrícola na Índia demonstrou um desempenho admirável nas últimas quatro décadas, mas ainda há muito a melhorar para ocupar uma posição de destaque no mercado mundial.

A agricultura é um modo de vida e uma tradição para milhões de cultivadores na Índia há séculos. Mais de 60% das pessoas dependem da agricultura, direta ou indiretamente. A agricultura e os sectores conexos representaram 13,9% do PIB em 2013. Desde a independência, a agricultura indiana registou rápidos progressos. Na altura da independência, a Índia enfrentava o problema da escassez de alimentos. Nessa altura, a produção alimentar anual era de 51 milhões de toneladas. Aumentou para 259,32 milhões de toneladas em 2011-12.

Mani e Jose (1997) referem que se verificaram mudanças significativas no padrão de cultivo nos distritos do norte do Estado e que a área desviada para actividades não económicas aumentou. Na análise de Jayakumar e Velayudhan (2002), verificou-se uma mudança na estrutura das culturas, a favor das culturas de rendimento e das plantações, em detrimento, provavelmente, das culturas menos remuneradoras. Mani (2004) observou uma redução significativa da área cultivada com arroz e um aumento da área cultivada com coco e borracha e afirmou que os agricultores de Kerala estavam a transferir a área cultivada com arroz para o coco e a borracha. Thomas (2004) observou, a partir da análise das mudanças no padrão de cultivo do Estado, que desde a sua formação em 1956 se verificou claramente uma mudança persistente a favor das culturas hortícolas e das culturas de plantação em detrimento das culturas alimentares. O padrão de cultivo de Kerala, desencadeado pelas condições de mercado, e a mudança estrutural mais importante é o declínio relativo da proporção de cereais alimentares, é observado por Mohandas (2005).

O cenário agrícola de Kerala indica uma forte concentração de culturas não alimentares. Em comparação com a média nacional de mais de três quartos das terras cultivadas com cereais alimentares, em Kerala apenas cerca de um quinto das terras é cultivado com cereais alimentares. As duas principais caraterísticas do padrão de cultivo da agricultura em Kerala são a predominância de culturas que dependem das condições do mercado mundial e a predominância de culturas perenes em relação às culturas sazonais ou anuais. A caraterística mais notável do desenvolvimento agrícola de Kerala é a emergência das culturas de rendimento como sector dominante nas últimas quatro décadas.

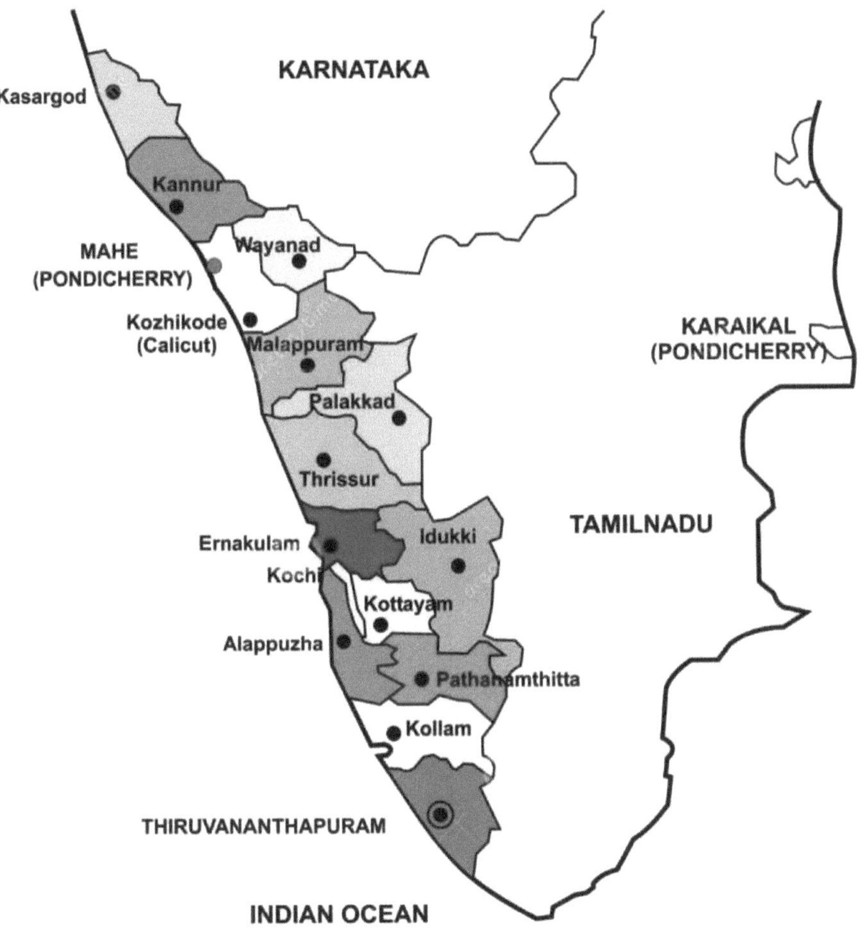


Figura 1. Mapa da área de estudo

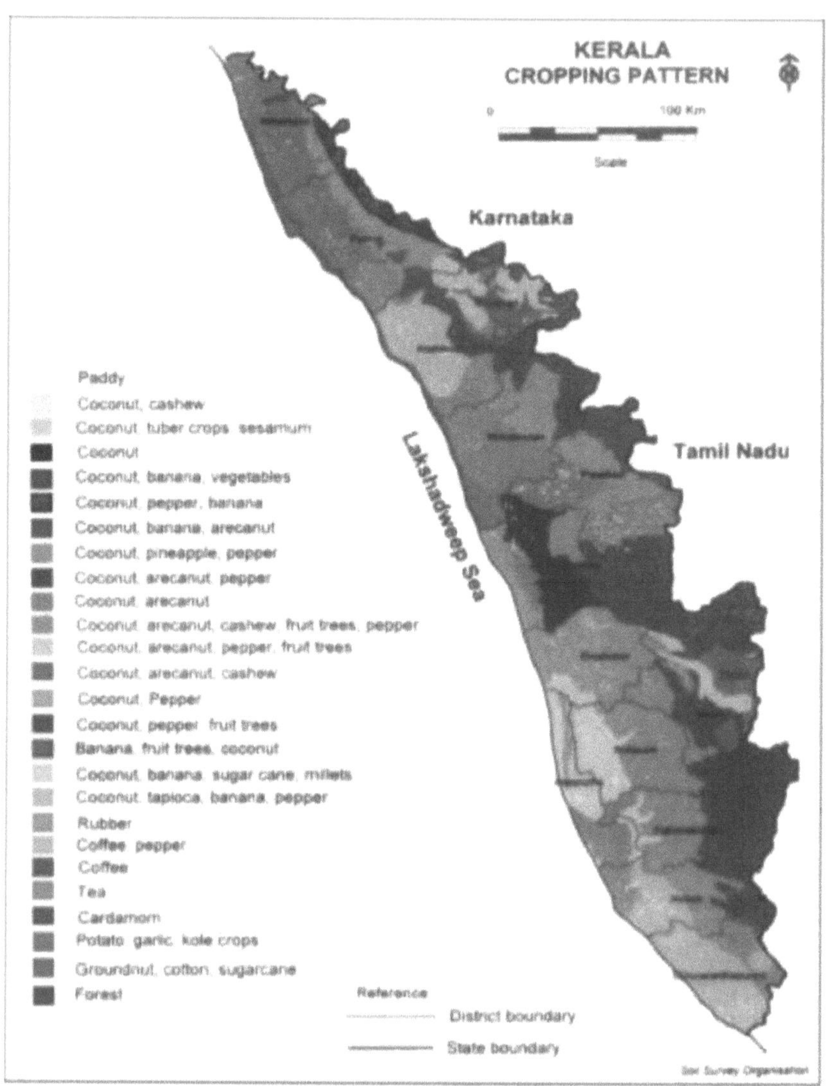


**Figura 2. Padrão de cultivo em Kerala**

## 1.1 Cenário atual da agricultura em Kerala

O cenário agrícola de Kerala indica uma forte concentração de culturas não alimentares. Em comparação com a média nacional de mais de três quartos das terras cultivadas com cereais alimentares, em Kerala apenas cerca de um quinto das terras é cultivado com cereais alimentares. As duas principais caraterísticas do padrão de cultivo da agricultura em Kerala são a predominância de culturas que dependem das condições do mercado mundial e a predominância de culturas perenes em relação às culturas sazonais ou anuais. A caraterística mais notável do desenvolvimento agrícola de Kerala é a emergência das culturas de rendimento como sector dominante nas últimas quatro décadas. A alteração do padrão de cultivo reflecte o declínio da área cultivada com culturas tradicionais e a presença comercial de novas culturas de rendimento, como a baunilha. Uma vez que as especiarias, as culturas de plantação e o coco representam, no seu conjunto, três quintos da superfície cultivada e cerca de quatro quintos da produção agrícola do Estado, as variações das condições do mercado internacional afectam as perspectivas dos agricultores de Kerala. O fosso cada vez maior na oferta de cereais alimentares atingiu uma proporção alarmante de 90 por cento. Este facto não só criou uma ameaça irreversível para a segurança alimentar de Kerala, como também agravou as consequências ecológicas adversas devido à crescente conversão de terras de arroz de baixa altitude para fins não agrícolas, após o enchimento das terras.

O enchimento das terras de arroz e a exploração excessiva das instalações de irrigação afectaram muito negativamente a conservação da água e há também uma tendência crescente para deixar as terras de arroz em pousio devido ao baixo rendimento do cultivo. Os ambientalistas e os cientistas afirmam que o boom económico e imobiliário que está a engolir as terras agrícolas, incluindo os arrozais, que são também zonas de conservação da água, terá graves consequências ecológicas4 . Uma vez que a maioria dos agricultores pertence e é gerida por pessoas cuja ocupação principal não é a agricultura, estas têm pouco interesse em investir em terras ou em maximizar os rendimentos da agricultura. Tendo em conta a importância da agricultura, a avaliação quantitativa da contribuição dos vários factores para o crescimento da produção e da produtividade das culturas a nível estatal ou distrital é útil para reorientar os programas e as prioridades do desenvolvimento agrícola, de modo a obter um maior crescimento. São muitos os factores que afectam o crescimento da produção e da produtividade das culturas. As fontes de crescimento da produção, como o efeito da área, o efeito do rendimento e o efeito do padrão de cultivo, são relevantes para decidir os programas de desenvolvimento agrícola e as prioridades de investimento (Ranade, 1980). As taxas de crescimento em si não explicam o desempenho desesperado da agricultura. Assim, torna-se importante descobrir por que razão estas taxas de crescimento diferem umas das outras, de modo a que os estrangulamentos possam ser eliminados para se conseguir um desenvolvimento rápido do sector agrícola (Sikka e Vaidya, 1985).

## 1.2 Os objectivos específicos do estudo são

O presente estudo é realizado com os seguintes objectivos específicos: analisar a dinâmica espacial e temporal do padrão de cultivo na agricultura de Kerala.

Os objectivos específicos do estudo são os seguintes

* Analisar as tendências de crescimento da área, produção e produtividade das principais culturas em Kerala.
* Analisar o grau de diversificação das culturas na agricultura de Kerala.
* Estudar o efeito de interação da área e do rendimento na produção.

## 1.3 Limitações do estudo

O estudo "Shifts in Cropping Pattern in Kerala" foi analisado com base em dados secundários. Todas as limitações e desvantagens de um estudo que utiliza dados secundários podem ser observadas também neste estudo. O crescimento da produtividade total e o crescimento da produção são decompostos nas suas componentes utilizando os modelos para três períodos de tempo. As principais componentes, que afectam o crescimento da produtividade e o crescimento da produção, são influenciadas por factores exógenos. Estes factores não são tidos em conta no estudo devido à sua ampla cobertura.

Na análise, apenas as oito principais culturas são tidas em consideração devido à indisponibilidade de dados relativos a outras culturas. O estudo limita-se a trinta anos. O estudo não faz um esforço para investigar os vários factores que levaram às mudanças no padrão de cultivo. O papel do Estado no cenário alterado não foi analisado no presente estudo. Também não foi tentada uma comparação com outros Estados neste estudo. O aquecimento global e as alterações climáticas são outros factores que conduziram a estas mudanças, especialmente no terceiro subperíodo, o que também foi excluído no presente estudo. Todos estes factores são deixados para os futuros investigadores neste domínio.

# CAPÍTULO 2

## CONCEITOS E REVISÃO

Um estudo sobre a economia do padrão de cultivo de Kerala efectuado por Oommen (1963) examinou profundamente o padrão de cultivo de Kerala, que diferia do da Índia em alguns aspectos significativos. O estudo baseou-se no princípio da vantagem comparativa. O clima, a topografia e a estrutura do solo de Kerala tornam-no eminentemente adequado para a produção de várias culturas comerciais e um estudo baseado no princípio da vantagem comparativa conduziria à melhor utilização dos recursos agrícolas.

Os principais problemas citados no estudo foram a dificuldade de medir a vantagem comparativa inter-regional no padrão de cultivo e a vantagem comparativa intra-regional entre culturas, a adoção da especialização regional, a aceitação rígida de um padrão de cultivo orientado para as culturas de rendimento, as mudanças frequentes no padrão de cultivo devido a alterações nos preços, as técnicas de produção, o funcionamento da lei dos rendimentos decrescentes, etc. Para medir a vantagem comparativa inter-regional, comparou-se a produtividade das terras de Kerala e o rendimento líquido por hectare. Ao analisar a transferência intra-regional de culturas, o estudo referiu a possibilidade de substituição do arroz por cana-de-açúcar, de acordo com o critério do rendimento líquido. O estudo concluiu observando que uma reafectação racional do padrão de cultivo na Índia com base na vantagem comparativa poderia resultar na maximização do rendimento e da produção do sector agrícola. No entanto, tal implica numerosas dificuldades.

George (1965) analisou o impacto da variação relativa dos preços no padrão de cultivo em Kerala. O estudo examinou em pormenor as alterações na estrutura dos preços e a reação da área cultivada aos preços em Kerala durante a década dos dois primeiros planos quinquenais. Foram selecionados seis produtos de base, que cobriam 73% das superfícies cultivadas, tendo o arroz registado a taxa mais elevada de aumento dos preços e a tapioca a mais baixa. O estudo dividiu as culturas em dois sectores e examinou a alteração da área cultivada entre culturas do mesmo grupo e a alteração dos preços em relação à alteração da área cultivada. Foram utilizados dados secundários para o estudo e ferramentas estatísticas para determinar os preços relativos.

As principais conclusões do estudo foram uma correspondência estreita entre as variações dos preços relativos e as variações da superfície relativa. As duas principais divisões de culturas foram o grupo A, que inclui o arroz, a cana-de-açúcar e o coco, e o grupo B, que inclui a borracha, a castanha de caju e a tapioca. Os preços relativos do arroz aumentaram um pouco mais do que os outros, mas a superfície relativa registou uma ligeira queda. É impossível passar do cultivo de côco para o de arroz e não foi favorecida a passagem da cana-de-açúcar para o de arroz. A reação da superfície aos preços esteve relacionada com a estabilidade dos preços.

As conclusões do estudo foram que o padrão de cultivo de Kerala sofreu uma ligeira mudança de culturas alimentares para culturas de rendimento. O aumento da superfície cultivada com borracha e castanha de caju resultou do aumento relativo dos seus preços e a diminuição da superfície cultivada com tapioca deveu-se à queda dos preços relativos. As principais sugestões do estudo foram que uma política de preços não seria bem-sucedida apenas fixando um preço mínimo; ela deveria procurar estabilizar os preços relativos das culturas alimentares em termos de outros produtos agrícolas produzidos no estado.

Jeemol (1983) efectuou um estudo pormenorizado sobre as mudanças no padrão de cultivo de Kerala entre 1960-61 e 1978-79, no qual foi dada grande ênfase à substituição do arroz pelo coco. Uma vez que o arroz é uma cultura com grande intensidade de mão de obra e o coco é uma cultura hortícola, foi dada maior importância à substituição do arroz pelo coco. O estudo baseou-se em dados secundários e foi efectuada uma análise distrital da alteração da área bruta e relativa cultivada com arroz.

Algumas das conclusões do estudo foram que o cultivo de arroz estava a perder área tanto absoluta como relativamente e que o cultivo de coco estava a ganhar. Na análise por distrito, a maioria dos distritos registou um grande aumento da área cultivada com coco. Topograficamente, o coco e o arroz podiam ser cultivados nas mesmas condições, pelo que era possível substituir o arroz pelo coco nas terras baixas, nos vales e nas terras médias. As caraterísticas topográficas de Kerala são adequadas para a substituição do arroz pelo coco. A análise da área revelou que a redução da área cultivada com arroz e o aumento da área cultivada com coco e, exceto num distrito, Alappuzha, as possibilidades de substituição eram limitadas, onde as terras em pousio tinham aumentado acentuadamente.

Performance of agriculture in Kerala, um estudo de Sivanandan (1983), analisou o desempenho do crescimento de uma série de agregados de culturas a nível de toda a Índia. Foi também efectuada uma análise do desempenho do crescimento de Kerala e examinada a forma como os factores críticos (ingredientes essenciais da estratégia agrícola) se comportaram ao longo do tempo entre culturas e regiões. A nível de toda a Índia (1950-1983), não há indícios de uma rutura nas tendências da produção total de géneros alimentícios após a introdução de novas tecnologias. Para a análise das taxas de crescimento em Kerala, foram consideradas quatro culturas principais - arroz, coco, tapioca e borracha - todas as culturas, cereais alimentares e cereais não alimentares. O período de estudo foi entre 1960-61 e 1982-83 e foram utilizados dados oficiais publicados.

Venkiteswaran (1984) examinou a evolução do padrão de cultivo e da economia alimentar de Kerala. O estudo analisou em profundidade as razões para a conversão dos arrozais noutras culturas, principalmente o coco, e previu as probabilidades posteriores do processo de conversão dos arrozais e o seu impacto na economia alimentar e agrícola de Kerala. Para a análise, foram utilizados sobretudo dados primários. Os agricultores foram classificados em conversores e não-conversores e observou-se que o grupo dos conversores transformou os arrozais em coqueiros desde junho de 1967. O grupo dos não-conversores continuou a cultivar culturas sazonais. As principais conclusões foram que 67% dos transformadores tinham 50 anos ou mais e 25% deles tinham formação universitária. 53% dos não-convertidos situavam-se no grupo etário dos 35-50 anos e, destes, 13% tinham formação universitária. Ao examinar os perfis económicos dos produtores que converteram e dos que não converteram, concluiu-se que o rendimento médio dos produtores que converteram era superior ao dos que não converteram, o que se devia à maior dimensão das explorações e ao valor mais elevado dos activos. Quando se examinou a tendência anual de conversão por grupo de transformadores, verificou-se que o ano de pico da conversão foi 1972. As principais razões mencionadas pelos agricultores foram o facto de as terras marginais convertidas se situarem na zona fronteiriça, a falta de instalações de irrigação, a sombra das árvores, a erosão do solo, etc., o que tornava essas terras pouco rentáveis para o cultivo do arroz. Além disso, o baixo rendimento do arroz fez com que 80% dos agricultores optassem pela conversão. Sessenta por cento dos agricultores referiram o potencial de risco inerente ao cultivo do arroz e 73% os benefícios a longo prazo das culturas de rendimento. A escassez de mão de obra, os salários mais elevados, o envolvimento noutras actividades, a gestão mais fácil das culturas de rendimento, o aumento do valor da terra, a adoção da prática dos cultivadores vizinhos também foram as razões citadas pelos agricultores para a conversão das terras.

Kannan e Pushpangadan (1988) analisaram a estagnação agrícola em Kerala através de uma análise exploratória. O estudo procurou explicar a estagnação da agricultura em Kerala desde meados dos anos setenta. O período considerado foi de 1962-63 a 1985-86, utilizando dados secundários. No estudo, os dois principais factores responsáveis pela estagnação foram, por um lado, a ausência de fornecimento de factores de produção, como a água e o desenvolvimento das terras, e, por outro, a degradação ambiental que afecta a disponibilidade de água e a qualidade dos solos. Existem dois métodos disponíveis para conhecer o desempenho global do sector agrícola, que são o método de decomposição e a estimativa estatística utilizando diferentes formas funcionais. Os autores utilizaram o segundo método para chegar a conclusões finais. A principal conclusão que emergiu da análise foi que o declínio registado na agricultura de Kerala desde meados dos anos setenta foi de tal ordem que anulou a taxa de crescimento registada nos anos sessenta e no início dos anos setenta. A desflorestação reduziu o número de dias de chuva, o que provocou a degradação ambiental que se verificou em Kerala desde meados dos anos setenta. Além disso, a decisão de afetação da superfície dependia da média ponderada dos preços anteriores.

Lakshmi e Pal (1988) fizeram uma tentativa de analisar o crescimento da produção agrícola em Kerala com base em dados secundários durante o período de 1952-53 a 1984-85. Uma vez que a produção agrícola numa região é determinada pela superfície bruta cultivada, pelo padrão de cultivo e pelo rendimento por unidade de superfície, uma variação da produção bruta pode dever-se a uma variação da superfície bruta cultivada, a uma variação do padrão de cultivo, a uma variação do rendimento por unidade de superfície ou a qualquer combinação dos factores acima referidos. O método utilizado no estudo foi a decomposição da produção agrícola agregada em elementos componentes (modelo de sete factores). A taxa de crescimento composto para as culturas individuais foi calculada para a superfície, a produção e o rendimento através do ajuste de uma função exponencial.

Uma das principais mudanças que se registaram em Kerala foi a transferência gradual da superfície das culturas alimentares para as culturas de plantação. A análise revelou que tanto a produção como a superfície das dez principais culturas em causa registaram uma tendência crescente até 1974-75, após o que começaram a diminuir. Embora a produção tenha voltado a aumentar em 1984-85, não se registou uma recuperação semelhante em termos de superfície. Em Kerala, que é bem conhecido pelo sistema de culturas mistas e múltiplas na agricultura, não é possível aumentar ainda mais a superfície cultivada bruta. Uma das alternativas consistia em efetuar mudanças fundamentais no padrão de cultivo através de um planeamento adequado das culturas com cultivares de elevado rendimento e de uma melhoria constante do rendimento das culturas através de uma gestão científica, de modo a introduzir um elemento de dinamismo na agricultura do Estado para maximizar a produção agrícola.

Radhakrishnan, Thomas e Jessy (1988) efectuaram uma análise do desempenho da cultura do arroz em Kerala com o objetivo principal de fazer uma revisão analítica espácio-temporal das alterações na área, produção e produtividade do arroz. O período de estudo foi de 1960-61 a 1986-87. A partir da análise dos dados recolhidos de fontes oficiais, pode afirmar-se que a superfície e a produção de arroz em Kerala apresentaram uma tendência geral para o aumento até meados da década de 1970 e que, posteriormente, ambas apresentaram uma tendência para o declínio, sendo a taxa de declínio mais acentuada na superfície. Uma vez que a produtividade tinha registado uma tendência crescente, a tendência de declínio da produção tinha sido menor do que a da superfície. Para além da compressão dos preços de custo, o aumento dos preços dos terrenos devido ao aumento da procura de terrenos para habitação, o aumento da urbanização e a disparidade entre os preços dos terrenos e o rendimento das culturas, as terras de arroz foram convertidas para utilizações não agrícolas. A cultura do arroz é uma atividade de mão de obra intensiva. O aumento do custo da mão de obra e a impossibilidade de a gerir levaram os cultivadores de arroz a converter as terras de arroz.

O estudo concluía afirmando que, apesar de existirem muitas razões para a diminuição da área e da produção de arroz em Kerala, a diminuição da rendibilidade parecia ser a mais importante. Algumas das implicações políticas apresentadas pelo estudo incluíam um aumento substancial da produtividade, a fixação de um preço de apoio atrativo e a fixação de um preço máximo para as culturas concorrentes.

Jessy, Thomas e Indira (1990) analisaram em profundidade o padrão de cultivo em Kerala com base em considerações físicas, económicas e sociológicas. As principais mudanças na produção agrícola podem dever-se a alterações na superfície bruta cultivada, a uma mudança no padrão de cultivo, a uma mudança no rendimento da unidade de superfície ou a qualquer combinação dos factores acima referidos. O principal objetivo do estudo foi analisar as mudanças no padrão de cultivo em Kerala durante o período de 1973-74 a 1986-87 para 16 culturas principais. O estudo baseou-se em dados secundários e utilizou a taxa de crescimento composto da área através do ajuste da função exponencial, o coeficiente de correlação de Spearman e o coeficiente de concordância de Kendall para analisar a mudança total durante o período.

Os principais resultados do estudo foram que as culturas alimentares tinham mostrado uma tendência decrescente em termos de área e o coeficiente de correlação indicava que não havia uma mudança significativa no padrão de cultivo. O coeficiente de concordância de Kendall também justificou a opinião de que não se observou uma mudança significativa no padrão de cultivo durante o período em estudo. O estudo concluía afirmando que as condições climáticas do Estado, bem como as elevadas expectativas dos agricultores quanto aos preços futuros de algumas culturas, resultaram numa tendência para o aumento da área cultivada dessas culturas. Em Kerala, uma vez que a margem de manobra para um maior aumento da superfície cultivada bruta é limitada, a outra alternativa consiste em introduzir alterações fundamentais efectivas no padrão de cultivo através de uma planificação científica das culturas.

O crescimento e a instabilidade na agricultura de Kerala foram analisados por Krishnan, Vasisht e Sharma (1991), utilizando dados de séries cronológicas de dezassete anos, de 1970-71 a 1986-87, para estudar as tendências das taxas de crescimento da área, da produção e da produtividade das principais culturas do Estado de Kerala, a magnitude da instabilidade dessas variáveis e medir a contribuição percentual da área e da produtividade para o aumento da produção das principais culturas de Kerala. Para medir a taxa de crescimento composta, foi utilizada a função exponencial e a variação do rendimento, que ocorreu em resultado da contribuição da produtividade, foi classificada de acordo com a contribuição e o efeito de interação.

A cultura do arroz tinha-se tornado economicamente inviável, tendo-se verificado uma mudança no padrão de cultivo a favor das plantações e das culturas comerciais, tornando o Estado deficiente em arroz. A mudança no padrão de cultivo, que pode ser atribuída aos níveis salariais exorbitantes e a factores socioeconómicos como o boom do Golfo, contribuiu para a mudança do cenário agrícola em Kerala, foram os principais resultados do estudo.

Bastine C.L. e Palaniswami (1994) efectuaram uma análise das tendências de crescimento das principais culturas em Kerala, partindo do pressuposto de que o padrão de cultivo era único, na medida em que o sistema de cultivo em casa de família prevalece em quase todas as regiões do Estado. O estudo analisa as tendências das taxas de crescimento no período de 1965-66 a 1989-90 e a contribuição da área e da produtividade para o aumento da produção das principais culturas em Kerala.

A função exponencial foi ajustada aos dados, que foram recolhidos de fontes oficiais, para calcular as taxas de crescimento compostas. Para medir a instabilidade de cada cultura, foi utilizado o coeficiente de variação. O método de decomposição foi utilizado para medir a contribuição da área e da produtividade para o aumento da produção das principais culturas do Estado.

A partir da análise das taxas de crescimento compostas, a área cultivada com pimenta e coco apresentou uma tendência positiva, mas não significativa, o arroz, a tapioca e o chá apresentaram uma tendência negativa significativa e a noz de areca apresentou uma taxa de crescimento, mas não significativa. Relativamente à produção, o gengibre, o chá, o café e a borracha apresentaram taxas de crescimento positivas e significativas, a pimenta apresentou uma taxa de crescimento positiva mas insignificante e todas as outras culturas apresentaram taxas de crescimento negativas insignificantes.

No caso da produtividade, o arroz, o gengibre, o chá e a borracha apresentaram taxas de crescimento positivas e significativas; o coco, o caju e o café apresentaram taxas de crescimento negativas, que só foram significativas para os dois primeiros, mas a pimenta, a noz de areca e a tapioca apresentaram taxas de crescimento positivas e insignificantes.

A instabilidade da área foi elevada no caso da tapioca, do café e da borracha; a instabilidade da produção foi de ordem superior para culturas como a pimenta, o gengibre, o café, a borracha e a tapioca; e a instabilidade da produtividade foi elevada no caso do gengibre, do caju, do café e da borracha.

O efeito da produtividade teve um papel mais importante para as culturas de noz de areca, gengibre, caju e chá e a mudança na produção devido à mudança na área cultivada foi evidente no arroz, tapioca, coco, pimenta, café e borracha.

As principais estratégias susceptíveis de introduzir alterações significativas incluíam o aumento da produção de pequenas culturas de rendimento, como o coco, a pimenta, o gengibre e o caju, através da melhoria da produtividade e da manutenção da área de culturas alimentares, bem como o aumento da produção através da melhoria da produtividade.

O estudo "Agricultural Development in Kerala" foi objeto de uma análise aprofundada por Pillai (1994). O estudo abrangeu todos os aspectos da agricultura em Kerala entre 1958-59 e 1989-90. Foram utilizados dados secundários no estudo. Foram tidos em conta a parte relativa do sector da produção agrícola no produto interno do Estado, o padrão de utilização das terras, o padrão de cultivo e as taxas de crescimento anual da área, da produção e da produtividade das principais culturas.

O estudo revelou algumas caraterísticas importantes da agricultura em Kerala. A parte relativa da agricultura no produto interno do Estado tem vindo a diminuir gradualmente; desde 1975-76, a tendência dos agricultores para abandonarem o cultivo do arroz aumentou, o que deve ser motivo de grande preocupação; a queda acentuada da produção de arroz, a expansão da área cultivada com coco acompanhada de uma queda acentuada da produtividade e o aumento da produtividade do arroz acompanhado de um declínio acentuado da sua área foram as principais conclusões do estudo. As duas principais crises explicadas no estudo foram: a grave situação do arroz e do coco, declarada desde meados dos anos setenta, e a deslocação da área cultivada com culturas alimentares para culturas de rendimento/plantação.

Joseph (1996) efectuou uma análise da agricultura de Kerala no que diz respeito às alterações dos padrões de cultivo. O estudo tinha como objetivo inferir sobre a estrutura em evolução da agricultura do Estado. Utilizando instrumentos estatísticos adequados, foram feitas projecções dos futuros padrões de cultivo e discutidas as suas implicações socioeconómicas a longo prazo.

Partindo do pressuposto de que a tendência passada de alteração das áreas cultivadas das principais culturas se manteria, os dados de séries cronológicas quinquenais sobre o padrão de cultivo de 1970-71 a 1990-91 foram sujeitos a uma análise de primeira ordem da cadeia de Markov para obter a matriz de probabilidade de transição para alterações do padrão de cultivo. As culturas consideradas foram o arroz, a tapioca, o coco, a borracha, outros plátanos e culturas de rendimento e outras culturas.

Na análise, a borracha parece ser a cultura com maior estabilidade, seguida do arroz e do côco. A tapioca, outros plátanos e culturas de rendimento e outras culturas foram consideradas altamente instáveis. Os padrões de cultivo do projeto de 1975 a 2015 mostraram uma tendência decrescente das áreas cultivadas de arroz e tapioca e a sua quota em 2000 seria de cerca de 16% e 5%, respetivamente. A área cultivada de coco registou um aumento gradual e, em 2015, a sua área cultivada seria de 32,3% e a de borracha de 20,7%. Outros plátanos e culturas de rendimento ocupariam 24,2% da área cultivada total do Estado.

Prevê-se que a área cultivada com culturas alimentares de arroz e tapioca em Kerala diminua em relação ao valor do ano de referência (1970-71) de 41% e 15% em 2015. As culturas comerciais teriam um ganho considerável. Verificou-se que a rápida mudança do padrão de cultivo, que se afasta das culturas alimentares, tem implicações negativas para a segurança alimentar do Estado. Por conseguinte, o estudo sugeriu a adoção de medidas fiscais e financeiras para reduzir a baixa rentabilidade das culturas alimentares e tornar o seu cultivo atrativo.

Mani e Jose (1997) analisaram a mudança no padrão de cultivo em Kerala com base nas mudanças inter-distritais, intra-distritais e inter-temporais na área, produção e rendimento de arroz, coco e borracha. Foram utilizados dados secundários para o estudo no período de 1975-76 a 1995-96. O estudo argumentou que, devido à estratégia de comércio livre na Índia, o padrão de cultivo mudou a favor dos cereais superiores, das culturas hortícolas, dos produtos hortícolas e do gado. Nos principais Estados da Índia, a percentagem da área cultivada com culturas alimentares registou uma redução significativa.

Um fenómeno raro que ocorreu na agricultura de Kerala foi o declínio acentuado da área de culturas alimentares, que foi explicado com a ajuda de estimativas oficiais. Quando o Estado estava em situação de escassez de cereais alimentares, a área cultivada com cereais alimentares diminuiu consideravelmente e, no caso das culturas não alimentares, registou-se um crescimento da expansão da área, especialmente no caso do coco e da borracha.

O estudo revelou que a área cultivada com arroz diminuiu acentuadamente nos distritos de Kerala, especialmente em Thrissur, Kozhikkod, Palakkad e Alappuzha. Outra caraterística notável foi o aumento da área de cultivo de borracha e coco e o rendimento da borracha aumentou notavelmente, especialmente devido aos esforços efectuados pelo Rubber Board.

Uma das principais conclusões que emergiu do estudo foi a mudança significativa no padrão de cultivo no distrito do norte e também que a área desviada para actividades não económicas se tornou muito grande no estado.

Num estudo sobre as causas e consequências da alteração do padrão de cultivo em Kerala, Mahesh (1999) identificou as causas da alteração do padrão de cultivo. Estas causas são o aumento da utilização das terras para fins não agrícolas, as mudanças tecnológicas, a pressão crescente sobre as terras, a modernização e a comercialização da agricultura, os factores de preço, etc. As consequências identificadas são as mudanças na produção agrícola, as mudanças no rendimento agrícola, a diminuição da participação das mulheres, etc. O estudo também observou que há uma mudança na área de culturas sazonais/anuais para culturas de alto valor/dinheiro.

Uma H.R et al (2013) analisaram o impacto do padrão de cultivo na segurança alimentar na Índia. Com base nos dados primários recolhidos junto de agregados familiares individuais, com especial incidência no distrito de Hassan, em Karnataka. A principal conclusão deste estudo é que há uma mudança no padrão de cultivo de culturas alimentares para culturas comerciais, o que tem um impacto direto na segurança alimentar no futuro.

Num estudo efectuado por Kalaiselvi.V (2012), a mudança de culturas tradicionalmente menos remuneradoras para culturas mais remuneradoras é geralmente vista como uma mudança de culturas. A mudança de culturas também se deve a políticas governamentais. O desenvolvimento de infra-estruturas de mercado e alguns outros apoios relacionados com os preços também induzem a mudança de culturas.

Punithkumar L M e Indira M (2014) referiram que a agricultura é um modo de vida e uma tradição para milhões de pessoas na Índia há séculos. Mais de 60% das pessoas dependem da agricultura, direta ou indiretamente. A agricultura e os sectores conexos representaram 13,9% do PIB em 2013. E as mudanças no padrão de cultivo resultam no declínio contínuo da área cultivada com culturas alimentares e aumentam os preços dos cereais alimentares e da segurança alimentar, o que tem um impacto direto na segurança alimentar no futuro.

Jayakumar e Velayudhan (2002) tentaram analisar as causas e as consequências da estagnação da agricultura em Kerala. O estudo limitou-se a culturas alimentares importantes e a culturas de rendimento. Foram utilizados dados secundários no estudo. Os índices de crescimento de várias culturas foram calculados de 1960-61 a 1999-2000. O estudo revelou um decréscimo significativo no crescimento da área cultivada com arroz e tapioca, ao passo que, no caso do coco e do pimento, se registou um aumento nominal, mas a borracha registou um aumento de quatro vezes.

Omana Cheriyan (2004) examinou as mudanças no modo de trabalho devido à alteração do padrão de utilização das terras e, na análise das mudanças no padrão de utilização das terras, observou alguns padrões importantes. A área destinada a fins não agrícolas aumentou principalmente devido às pressões populacionais; a área florestal diminuiu devido à expansão das plantações, aos projectos de vales fluviais e ao aumento dos custos de cultivo das culturas tradicionais. Mais terras foram deixadas em pousio ou utilizadas para culturas que absorvem menos mão de obra. O estudo baseou-se principalmente em dados secundários.

Swades Pal e Shyamal Kar (2012), este documento tem por objetivo aplicar diferentes medidas de diversificação de culturas a um conjunto de dados uniforme do distrito de Malda. Ao mesmo tempo, centra-se na situação e na evolução do padrão de diversificação das culturas em diferentes blocos do distrito de Malda, com uma perspetiva comparativa da situação a nível distrital e estatal. O índice Herfindahl e o índice Simpson são medidas de diversificação de culturas amplamente utilizadas. A monopolização da diversificação de culturas está em curso, o que se reflecte na mudança para a frente e para trás da diversificação de culturas para uma única classe entre 2001 e 2008. Os camponeses continuam a ser viciados em cereais em vez de culturas de elevado valor.

# CAPÍTULO 3

## CONCEPÇÃO DO ESTUDO

O Estado tem um padrão de cultivo diversificado em diferentes regiões, dependendo das condições agro-climáticas, pelo que todas as culturas alimentares e de rendimento importantes foram selecionadas para o presente estudo. As culturas selecionadas representavam mais de 80% da superfície total cultivada. O estudo restringe-se às principais culturas, partindo do princípio de que as culturas excluídas não afectam o padrão de cultivo e, por sua vez, não prejudicam as principais conclusões do estudo. As culturas selecionadas para o estudo são relativamente importantes no contexto da situação agrícola de Kerala. Os dados sobre a superfície, a produção e a produtividade das oito culturas selecionadas - arroz, tapioca, coco, pimenta, gengibre, curcuma, borracha e noz de areca - foram recolhidos em várias publicações do Governo de Kerala, como Economic Review, Statistics for Planning, Agricultural Statistics e Season and Crop Reports.

O Estado tem um padrão de cultivo diversificado em diferentes regiões, dependendo das condições agro-climáticas, pelo que todas as culturas alimentares e de rendimento importantes foram selecionadas para o presente estudo. As culturas selecionadas representavam mais de 80% da superfície total cultivada. O estudo restringe-se às principais culturas, partindo do princípio de que as culturas excluídas não afectam o padrão de cultivo e, por sua vez, não prejudicam as principais conclusões do estudo. As culturas selecionadas para o estudo são relativamente importantes no contexto da situação agrícola de Kerala.

Os dados são recolhidos de 1984-85 a 2012-13 e divididos em subperíodos. Período pré-liberalização (1984-85 a 1992-93), período de liberalização (1994-95 a 2002-03) e período pós-liberalização (2004-05 a 2012-13). O período de 1984-85 a 1992-93 marca um ponto de viragem no desenvolvimento agrícola da Índia. Na Índia, a taxa de crescimento da produção agrícola acelerou para 3,37%, mas em Kerala foi de 1,14%. Durante o período de liberalização (1994-95 a 2002-03), as taxas de crescimento da produção agrícola e do rendimento das terras abrandaram em comparação com o período anterior à liberalização. A taxa de crescimento da produção desacelerou de 3,37% para 1,74%. No período pós-liberalização (2004-05 a 2012-13), a taxa de crescimento da área de culturas e da produção agrícola reduziu-se drasticamente.

### 3.1 Estimativa de crescimento da área, da produção e do rendimento

O ritmo de desenvolvimento agrícola de uma região pode ser determinado através da medição do crescimento da área, da produção e do rendimento das culturas na região. No presente estudo, foram estimadas as taxas de crescimento composto da área, da produção e do rendimento das culturas selecionadas para cada período, a fim de estudar o crescimento da área, da produção e do rendimento destas culturas. As taxas de crescimento composto foram estimadas com o seguinte modelo exponencial.

$$Y = a\,b^t$$

CGR (r) =(b-1)X 100

### 3.2 Hirschman - Índice de Herfindahl:

Trata-se de uma medida de concentração. O índice foi calculado com base na soma do quadrado da proporção da área de cada cultura na área total de cultivo.

$$Herfindahl\ Index = \sum_{i=1}^{N} Pi2$$

'N' é o número total de culturas e Pi representa a proporção da área da cultura $i^{th}$ na área total cultivada. Com o aumento da diversificação, o índice diminui. Este índice assume o valor um quando existe uma especialização completa e aproxima-se de zero à medida que "N" aumenta, ou seja, a diversificação é perfeita. O índice de diversificação, calculado como DI = 1-H, foi utilizado para registar as alterações.

### 3.3 Modelo de decomposição de Hazell

Uma mudança no padrão de cultivo também afecta a produção agrícola. O aumento ou a diminuição da produção de uma cultura depende fundamentalmente da evolução da superfície cultivada e do seu rendimento médio. Minhas e Vaidyanathan (1965) foram os primeiros a efetuar uma análise de decomposição para explicar o crescimento agrícola da Índia. Foi utilizada uma análise de decomposição simples para determinar o efeito da superfície, o efeito do rendimento e o efeito de interação na agricultura de Kerala.

A análise de decomposição foi utilizada para determinar o efeito de área, o efeito de rendimento e o efeito de interação. A decomposição é o ato de dividir uma série cronológica ou outro sistema nas suas partes constituintes. Para analisar o que contribuiu para o aumento ou a diminuição da produção, tendo em conta os factores endógenos como a área, o rendimento e os seus efeitos na produção de cada cultura, foi utilizada a análise de decomposição.

A produção no ano de referência é dada por

$Q = {}_{A0*Y0}$ ( --------------- 1)

Do mesmo modo, a produção no ano $n^{th}$ é dada por ${}_{Qn} = {}_{An \, *Yn}$ Se denotarmos $\Delta A$ & $\Delta Y$ como a variação da superfície e do rendimento no período n, temos

$$Q = (A_0 + \Delta A)* (Y_0 + \Delta Y) \text{------------} (2)$$

$$= A0 * Y_0 + A_0 *\Delta Y + \Delta Y * Y_0 + \Delta A *\Delta Y$$

Subtraindo Qo de ambos os lados

$$Q_n - Q_0 = A_0 *Y + A*\Delta Y + \Delta A*Y_0 + \Delta A*Y - A_0*Y_0$$

$$\Delta Q = A_0 *\Delta Y + \Delta A*Y_0 + \Delta A*\Delta Y$$

O primeiro termo do lado direito pode ser considerado como o efeito do rendimento, o segundo termo como o efeito da área e o terceiro como o efeito da interação. Assim, a variação total da produção pode ser decomposta em três efeitos, a saber, o efeito do rendimento, o efeito da área e o efeito de interação devido a alterações na área e no rendimento.

Partimos da hipótese de que uma mudança na área tem implicações para a mudança de culturas, o que resultou num declínio da produção na ausência de um rendimento significativo, especialmente para as culturas alimentares. Uma mudança de culturas para culturas perenes como o coco, a noz de areca, a borracha e a pimenta significa uma mudança na utilização da terra que é irreversível por natureza.

## 3.4 Análise por cultura

O estudo baseia-se em oito culturas principais - arroz, coco, tapioca, borracha, noz de areca, pimenta, gengibre e curcuma - que constituem mais de 72% da área cultivada total do estado em 2o12-13 em catorze distritos do estado de Kerala entre

1984-85 e 2o12-13.

## 3.    5Culturas

A cultura mais essencial ou de base é o arroz. Cerca de 6oo variedades de arroz são cultivadas nos vastos arrozais de Kerala. De facto, a região de Kuttanad, no distrito de Kerala, é conhecida como a "bacia de arroz do Estado" e goza de um estatuto significativo na produção de

arroz. O arroz é cultivado em três épocas em todos os distritos. A área cultivada com arroz no Estado está a diminuir continuamente. Em 1984-85, a área total de arroz era de 6,95 milhões de hectares e, em 1994-95, de 5,03 milhões de hectares. Posteriormente, registou-se uma diminuição constante da cultura do arroz, que atingiu 1,97 milhões de hectares no ano agrícola de 2012-13. A seguir ao arroz, a tapioca é cultivada principalmente nas regiões mais secas. A tapioca é um dos principais alimentos dos keralitas. Para além da produção da cultura principal, Kerala é também um grande produtor de especiarias, que constituem as culturas de rendimento do Estado. O Kerala produz 96% da produção nacional de pimenta. As especiarias mais importantes são o gengibre, a curcuma, o cardamomo, a canela, o cravinho, a noz-moscada e a baunilha. Em 1984-85, a área cultivada com tapioca era de 2,45 lakh hectares. Posteriormente, a superfície diminuiu. A área total de cultivo de tapioca durante o ano de 2012-13 é de 71.412 Ha. A área de tapioca representa 7% da área de culturas alimentares durante 2011-12 e é cultivada no outono, inverno e verão.

Outras culturas de rendimento que constituem o sector agrícola incluem a noz de areca e o coco. De facto, o coco constitui a principal fonte de rendimento em Kerala - desde a indústria da fibra de coco até aos artefactos de casca de coco. O caju é também uma cultura de rendimento essencial. O Kerala também é responsável por 91% da produção de borracha natural do país. O distrito de Kottayam possui extensas áreas de produção e transformação de borracha.

O Estado é o principal produtor de culturas alimentares, como o arroz e o Tapioca. As principais culturas de plantação são a borracha, o coco e a noz de Areca.

### 3.3.1  Arroz

O arroz, que é o alimento básico de Kerala, registou um declínio contínuo da área ao longo de duas décadas. No entanto, em 2004-05, registou-se um ligeiro aumento da área em 2634 hectares, de 2,87 lakh hectares em 2003-04 para 2,90 lakh hectares, e a produção de arroz aumentou de 5,70 lakh toneladas métricas para 6,67 lakh toneladas métricas. O projeto de arrendamento de terras implementado por "Kudumbasree" é uma das razões para o aumento da área e da produção de arroz. O arroz é a principal cultura cultivada nestas terras. Em 2005-06. O Ministério da Agricultura lançou outro projeto de cultivo de arroz em terras de pousio, utilizando os serviços de jovens desempregados. Com apenas 1,1 por cento da área geográfica do país, Kerala tem de sustentar cerca de 3,4 por cento da população do país e 1,75 por cento da população bovina. O fosso entre a procura e a oferta de cereais alimentares, que era de cerca de 50% até meados dos anos setenta, começou a aumentar depois disso, na sequência da transferência em grande escala das terras de arroz para o cultivo de culturas mais remuneradoras, como o coco.

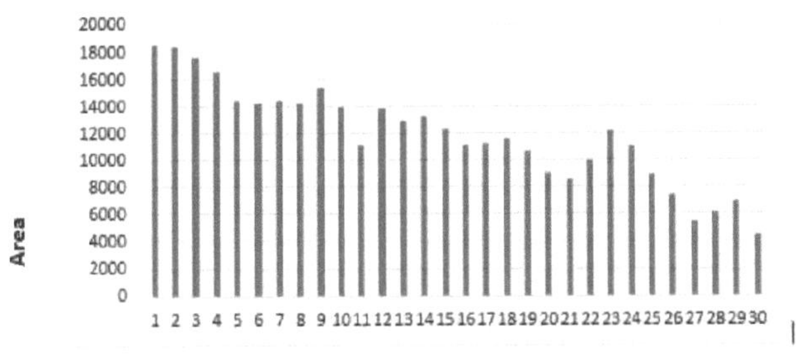


**Figura 3. Superfície de arroz em Kerala**

### 3.3.2 Tapioca

A tendência no caso da tapioca foi mais ou menos semelhante à do arroz. A mesma razão que foi atribuída à redução da área e da produção de arroz pode ser aplicável também à tapioca. Declarada como uma cultura alimentar e outrora um alimento básico para a grande população rural, a procura de tapioca está a diminuir devido às mudanças socioeconómicas e à chegada de mais cereais de outros estados. Durante o período em estudo, a área cultivada com tapioca mostra uma tendência de declínio muito acentuada. A área cultivada com tapioca, que era de 71 mil hectares em 2012-13, diminuiu de forma constante e atingiu o nível de 71 mil hectares em 1984-85.

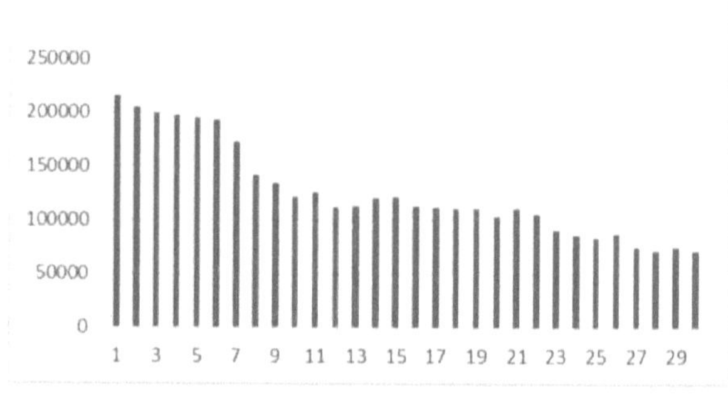


**Figura 4. Área de tapioca em Kerala**

### 3.3.3 Côco

A Índia é o terceiro maior país em termos de área e produção global, depois das Filipinas e da Indonésia. Kerala era tradicionalmente uma zona de cultivo de coco, juntamente com os Estados costeiros de Karnataka, Tamil Nadu e Andhra Pradesh. Em 1985-86, o aumento total da área foi de 11,8 mil hectares. O aumento substancial da área de coqueiros em Kerala deveu-se à substituição da área de arroz por coqueiros. A queda do preço do coco, combinada com o ataque generalizado do ácaro do coco, reduziu consideravelmente o rendimento na região central, o que afectou a segurança dos meios de subsistência de uma grande maioria de pequenos agricultores e agricultores marginais do Estado.

*Year*

**Figura 5. Área de coqueiros em Kerala**

### 3.3.4 Pimenta

A pimenta é uma das culturas mais antigas e tradicionais de Kerala, cuja origem remonta às florestas naturais sempre verdes dos Ghats Ocidentais. A pimenta preta, considerada a rainha das especiarias, tem desempenhado um papel importante na economia de Kerala desde há vários séculos. Kerala detém quase o monopólio da área e da produção de pimenta na Índia, com cerca de 95% da área total da Índia. Tal como o coco, a área cultivada com pimenta registou uma tendência crescente.

Embora se tenham registado algumas flutuações anuais na área cultivada com pimenta, verificou-se uma tendência consistente para o aumento da área cultivada com pimenta em Kerala. No final da década de 1980, registou-se um grande aumento de 77% na área de pimento, que foi desencadeado pela resposta ao elevado nível de preços durante esse período. Durante o período pós-globalização, a área aumentou apenas cerca de oito por cento.

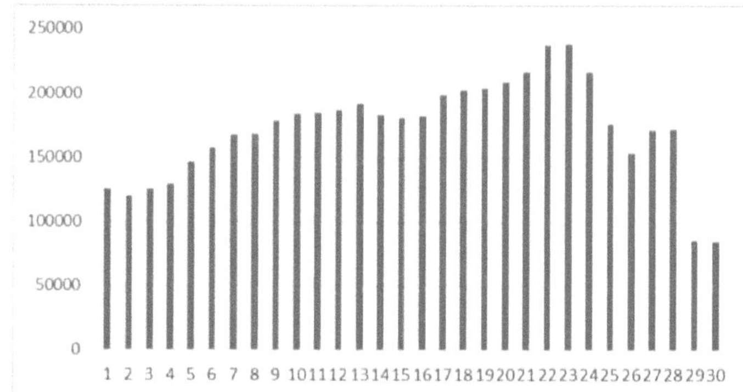


*Year*

**Figura 6. Superfície de pimento em Kerala**

### 3.3.5 Borracha

O cultivo da borracha natural na Índia tem-se concentrado tradicionalmente em Kerala e, em certa medida, nos estados adjacentes de Karnataka e Tamil Nadu. As condições agro-climáticas do estado eram muito favoráveis ao cultivo da borracha. Kerala representa 83% da área cultivada com borracha no país. A cobertura da cultura em 2004-05 foi de 4,81 lakh hectares, mais 2141 hectares do que no ano anterior.

Entre as quatro culturas de plantação, a borracha emergiu como a cultura mais significativa, com a maior área no estado, a seguir apenas ao coco. A proporção da área cultivada com borracha triplicou, passando de 5,23 em 1960-61 para 16,14 em 2004-05. Kerala detém quase o monopólio da borracha natural, uma vez que produz 92% da borracha natural na Índia a partir de 88% da área. Dos 574 mil hectares da Índia, Kerala ocupou 478 mil hectares (83,23%).

O sistema de culturas mistas é destruído quando a terra é utilizada para o cultivo da borracha, uma vez que nenhuma outra cultura cresce sob as seringueiras. Anteriormente, a borracha era cultivada nos vales e noutras zonas onde se cultivavam diversas culturas arbóreas. A maior parte das terras convertidas para o cultivo da borracha situavam-se em regiões de terra média, onde se cultivava uma variedade de culturas sazonais e perenes. No caso da borracha, o apoio ao desenvolvimento dado pelo Rubber Board através de assistência financeira e técnica e a existência de um mercado garantido para a borracha constituíram o incentivo para os agricultores dedicarem novas áreas a esta cultura.

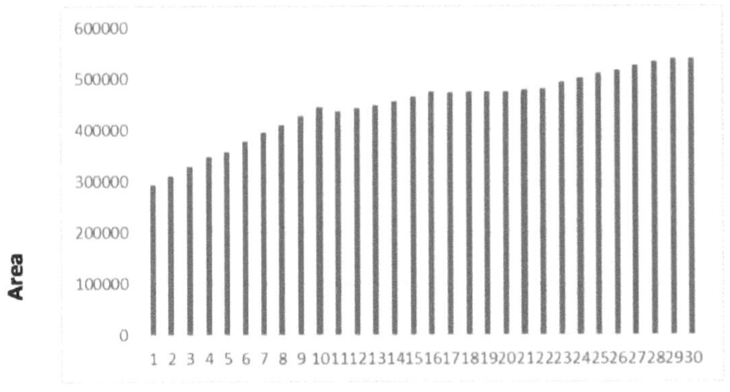


*Year*

**Figure 7.  Área de borracha em Kerala**

## 3.5.  6Gengibre

No caso do gengibre, embora a produção tenha aumentado, a contribuição relativa diminuiu de 65,68% para 16,11%. Isto deve-se à expansão significativa da área noutros estados devido aos preços elevados41. A área cultivada com gengibre, que é uma especiaria minúscula, flutuou até 1991-92. Depois disso, registou uma tendência decrescente. Em 1984-85, a área cultivada com gengibre era de 12 mil hectares, tendo atingido o seu nível mais elevado em 198687, com 16,6 mil hectares. Os dados mais recentes mostram que a área cultivada com gengibre é de apenas 8,9 mil hectares. A posição do gengibre em termos de proporção da área em Kerala manteve-se como 12 em todos os períodos em estudo. Nos anos setenta, a percentagem era de 0,38%, tendo aumentado para 0,48% nos anos oitenta e diminuído ligeiramente para 0,43% nos anos noventa e, em 2004-05, representa apenas 0,30% da área cultivada total.

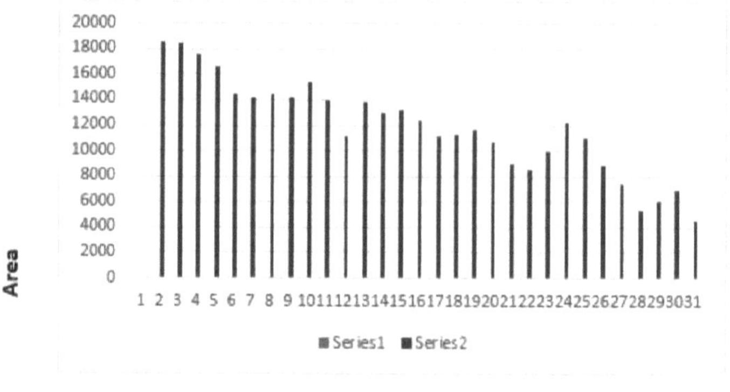


**Figure 8.  Zona do gengibre em Kerala**

### 3.5.7 Noz de areca

Após a década de 1970, registou-se um declínio na área e na produção de nozes de areca. Mas depois de 1985-86, a área e a produção registaram uma tendência positiva. A concorrência de outros países no mercado internacional e o consequente declínio da procura podem ser a razão da tendência de declínio da área. Considerando a área em 1984-85, a cultura ocupou 93 mil hectares e, depois disso, registou uma tendência decrescente. A partir de 1994-95, registou-se uma melhoria muito ligeira, que atingiu 98,5 mil hectares em 2003-04 e 101,6 mil hectares em 2012-13.

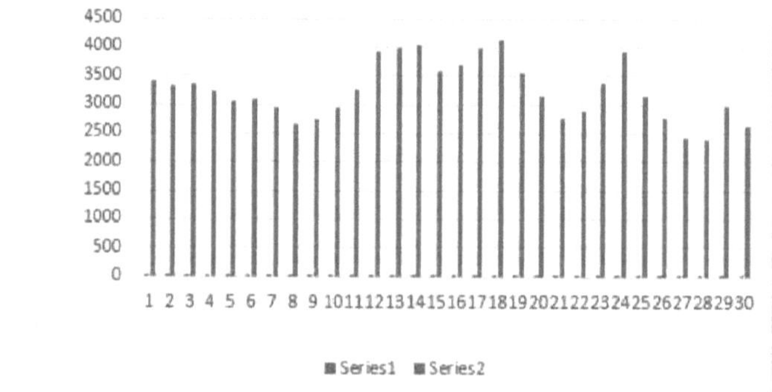


**Figura 9. Área de arecanut em Kerala**

## 3.5.8     Açafrão-da-terra

A área de açafrão-da-terra em 2011-12 é de 2970 ha e aumentou 24% em relação a
2010-11. A área cultivada de açafrão-da-terra é máxima no distrito de Palakkad em
2011-12.

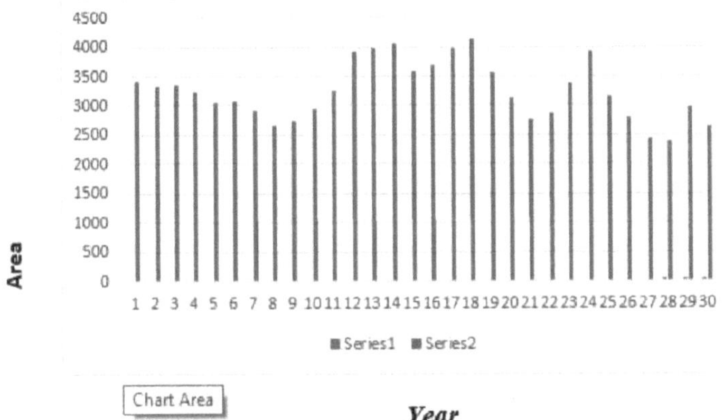


**Figura 10. Superfície de açafrão-da-terra em Kerala**

# CAPÍTULO 4

## RESULTADOS E DISCUSSÃO

### 4.1 Taxas de crescimento da superfície das principais culturas

As taxas de crescimento da superfície das principais culturas em Kerala ao longo de três períodos de tempo são apresentadas no quadro 1. Os resultados desta análise revelam uma tendência mista no que respeita ao crescimento da superfície de culturas importantes no Estado de Kerala. Durante todo o período, o coco, a borracha, a pimenta e a noz de areca registaram um crescimento da área, enquanto o arroz, a tapioca, a curcuma e o gengibre apresentaram um crescimento negativo da área.

### 4.2 Evolução da área, produção e produtividade das culturas e desempenho

A produção de grãos alimentares no país atingiu um valor recorde de 244,8 milhões de toneladas em 2012-13. A produção de arroz, por si só, foi de 96,0 milhões de toneladas em 2012-13. A produção estimada de arroz para o país é de 102,8 milhões de toneladas em 2012-13. Os dados relativos à área, produção e produtividade de culturas importantes cultivadas em Kerala são mostrados abaixo. De uma área cultivada bruta de 26,69 lakh ha. Em 2012-13, as culturas alimentares que incluem arroz, leguminosas e tapioca ocupam apenas 11,74%. Mas em 2012-13, reduziu-se para 8,13%. O estado de Kerala, que tinha uma base baixa na produção de alimentos, está a enfrentar sérios desafios para manter mesmo esta escassa área. A economia agrícola de Kerala está a passar por uma transformação estrutural desde meados dos anos setenta, com a transferência de uma grande parte da sua área de cultivo tradicional, que era dedicada a culturas de subsistência como o arroz e a tapioca, para culturas mais remuneradoras como a pimenta e outras plantações. Após um longo período de declínio contínuo, a área cultivada com arroz aumentou de 2,29 lakh ha em 2008-09 para 2,34 lakh ha em 2008-09 e diminuiu ligeiramente em 252 ha apenas em 2009-10. Mas em 2010-11 registou-se uma queda acentuada da área em 20828 ha. No caso da tapioca, a área diminuiu de 0,74 lakh ha em 2011-12 para 0,71 lakh ha. No caso do coco, a área atingiu o seu pico em 2000-01. Durante o ano de 2012-13, a área diminuiu em 8152 ha. As principais culturas comerciais que registaram uma redução da área em 201011 são o coco (8152 ha), a curcuma (47 ha) e a tapioca (2572 ha). As principais culturas com ganho considerável de área incluem pimenta (693 ha), gengibre (680 ha), arec anut (646 ha) e borracha (8822 ha). As culturas que não conseguiram manter o nível de produção de 2009-10 são a tapioca e o coco. Em 2012-13, algumas das culturas registaram um aumento da produção em relação a 2009-10. Estas culturas são a pimenta (16770 MT), o gengibre (4594 MT) e o açafrão-da-terra (150 MT). As culturas que registaram um declínio acentuado do nível de produção em 2010-11 são o arroz (75598 TM), a noz de areca (16854 TM), a tapioca (165303 TM) e o coco (388 milhões de nozes). As diferentes regiões apresentam caraterísticas completamente diferentes, pelo que não é possível conceber um único plano para todas as regiões agrícolas do país. A parte da agricultura no rendimento nacional é frequentemente considerada como um indicador do desenvolvimento económico. O sector agrícola na Índia demonstrou um desempenho admirável nas últimas quatro décadas, mas ainda há muito a melhorar para ocupar uma posição de destaque no mercado mundial.

Quadro 1. Taxas de crescimento composto da superfície das principais culturas em Kerala

| Sl.no: | Crops | period 1 (1984-1993) % | period 2 1994-2003 % | period 3 2004-2013 % | Overall period 1984-2013 % |
|---|---|---|---|---|---|
| 1 | Rice | -3.16 | -5.76 | -4.34 | -4.52 |
| 2 | Tapioca | -5.95 | -1.29 | -4.72 | -3.59 |
| 3 | Coconut | 3.4 | 0.14 | -1.76 | 0.35 |
| 4 | Pepper | 5.29 | 1.37 | -10.37 | 0.32 |
| 5 | Ginger | -3.2 | -2.89 | -8.21 | -3.61 |
| 6 | Turmeric | -2.47 | -0.51 | -2.12 | -0.43 |
| 7 | Rubber | 4.65 | 1.00 | 1.48 | 1.75 |
| 8 | Areca nut | 1.17 | 3.76 | 0.49 | 2.41 |

A comparação inter-períodos revelou que as taxas de crescimento do coco, da borracha e da pimenta foram mais elevadas no primeiro período (1984-85 a 1992-93) do que no segundo período (1994-95 a 2002-03) e no terceiro período (isto deve-se à deslocação da área das culturas alimentares para as culturas de rendimento devido ao declínio da rentabilidade, à escassez de mão de obra, ao aumento dos custos de produção, etc.). A taxa de crescimento mais elevada foi registada pelo pimento durante o primeiro período em estudo. No que respeita à noz de areca, ao coco e à borracha, as taxas de crescimento no primeiro período foram mais elevadas. Em Kerala, o cereal alimentar mais importante é o arroz, que registou um declínio acentuado em termos de área e apresentou uma taxa de crescimento negativa em todos os períodos, com destaque para a elevada taxa de crescimento negativa registada no terceiro período. A percentagem de arroz na área cultivada total diminuiu de 29,21% para 9,97% entre 1984-85 e 2012-13. Estudos anteriores revelaram este padrão e chegaram à conclusão de que a área deslocada do arroz foi utilizada para o cultivo do coco e da borracha, designados como culturas de rendimento. A elevada taxa de crescimento negativo da área cultivada com arroz e tapioca no segundo período e as taxas de crescimento positivas do coco, da borracha e da pimenta nos mesmos períodos confirmaram a mudança do padrão de cultivo a favor das culturas de rendimento. Para além disso, a terra utilizada para fins não agrícolas tem sido relativamente maior desde o início da década de 1990.

### Gráficos com valores reais e de tendência



*Year*

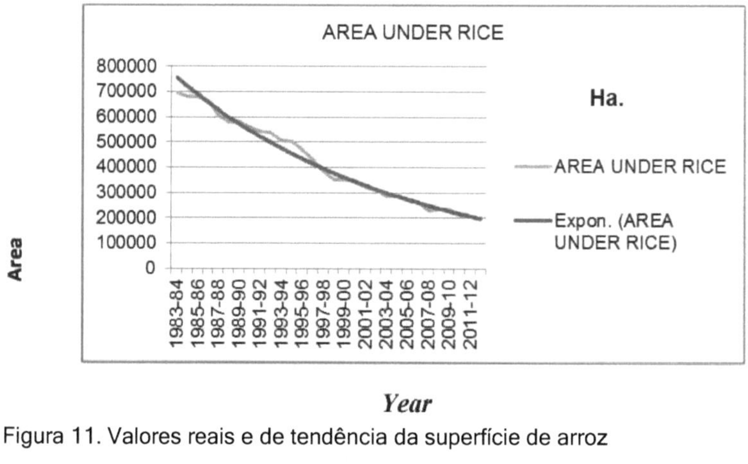

Figura 11. Valores reais e de tendência da superfície de arroz

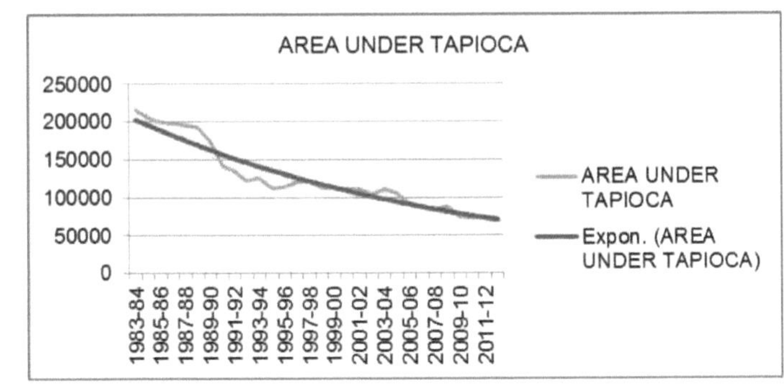



Figura 12. Valores reais e de tendência da Tapioca

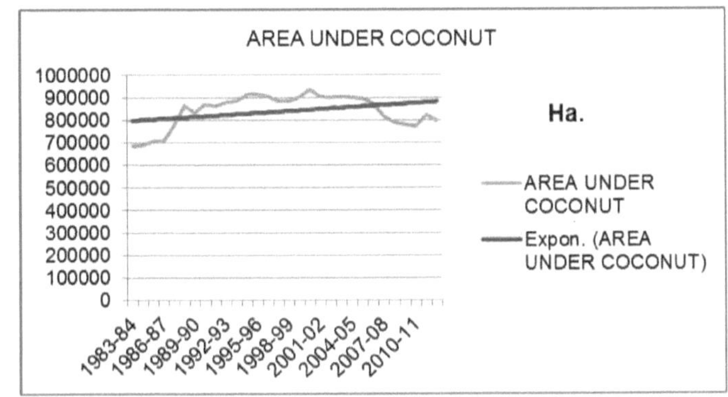



Figura 13. Valores reais e de tendência da área de Coqueiros

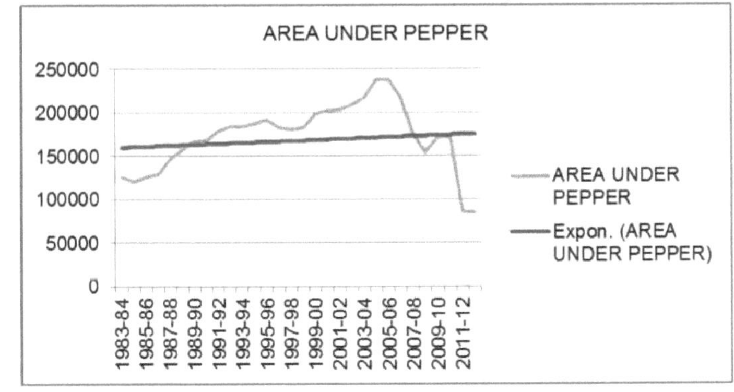



Figura 14. Valores reais e de tendência da área de Pimenta

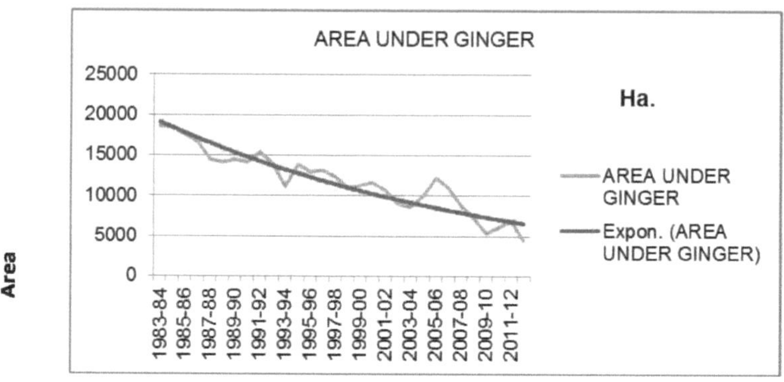


Figura 15. Valores reais e de tendência da área de Gengibre

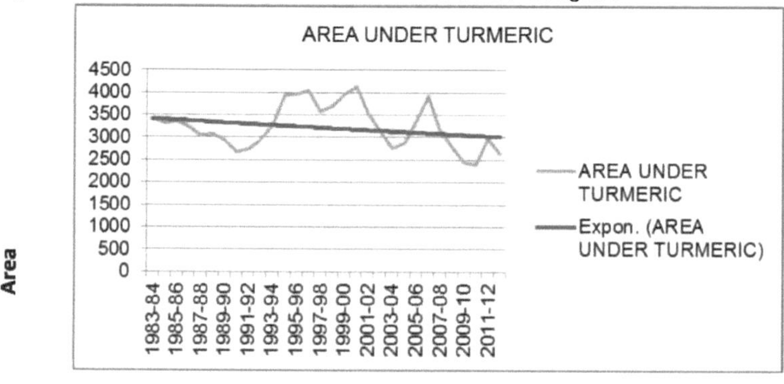


Figura 16. Valores reais e de tendência da área de cúrcuma

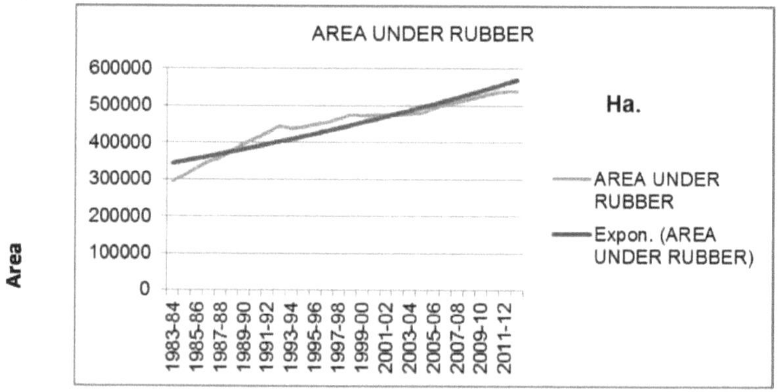


Figura 17. Valores reais e de tendência da área de borracha

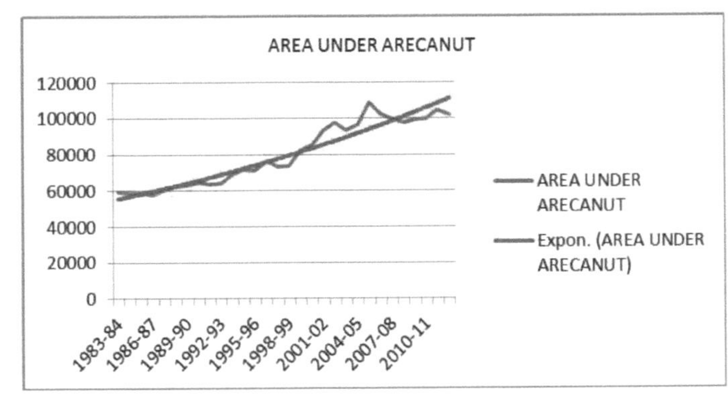


*Year*

Figura 18. Valores reais e de tendência da zona de Arecanut

Quadro 2. Taxas de crescimento composto da produção das principais culturas em Kerala (1984-1993, 1994-2003 e 2004-2013)

| Sl.no: | Crops | period 1<br><br>1984-1993<br>(%) | period 2<br><br>1994-2003<br>(%) | period 3<br><br>2004-2013<br>(%) | Overall period<br><br>1984-2013<br>(%) |
|---|---|---|---|---|---|
| 1 | Rice | -1.25 | -4.36 | -1.91 | -3.11 |
| 2 | Tapioca | -4.09 | -0.29 | 0.04 | -1.14 |
| 3 | Coconut | 6.5 | 0.85 | -0.38 | 2.21 |
| 4 | Pepper | 4.99 | 1.14 | -8.35 | 0.6 |
| 5 | Ginger | -0.89 | -2.23 | -5.21 | -1.71 |
| 6 | Turmeric | -1.79 | 0.52 | 0.27 | 0.84 |
| 7 | Rubber | 10.04 | 4.13 | 1.58 | 5.88 |
| 8 | Areca nut | 5.53 | 28.41 | 5.66 | 11.42 |

## 1.3 Tendências da produção das principais culturas

O crescimento da produção agrícola total ao longo de um período de tempo dá uma ideia do ritmo do desenvolvimento agrícola no Estado. A caraterística única da agricultura de Kerala é a elevada quota-parte na produção de certas culturas de plantação e especiarias. O Kerala representa 42% da área cultivada com quatro culturas de plantação e 45% da produção. A quota do Kerala na produção nacional de borracha é de 92%.

Durante o período 1, a taxa de crescimento da produção de arroz, tapioca, gengibre e açafrão-da-terra apresentou uma tendência negativa semelhante à da área. A tendência da produção de açafrão-da-terra nos períodos 2 e 3 foi positiva, enquanto a área cultivada com açafrão-da-terra neste período apresentou uma tendência negativa (-0,51, -2,12). A área de pimento e gengibre diminuiu no terceiro período (-10,37, -8,21), pelo que a produção de gengibre e pimento diminuiu drasticamente no terceiro período (-8,35, -5,21).

**Gráficos com valores reais e de tendência**

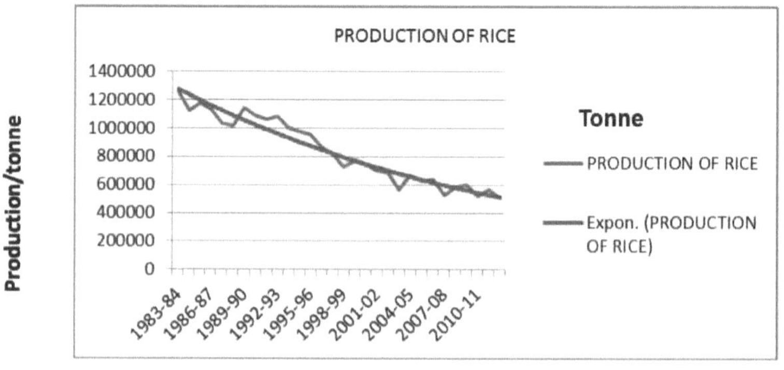


Figura 19. Valores reais e tendenciais da produção de arroz

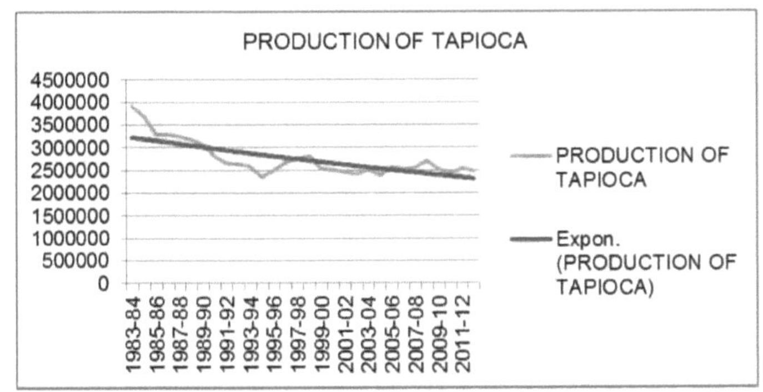


*Year*

Figura 20. Valores reais e de tendência da produção de Tapioca

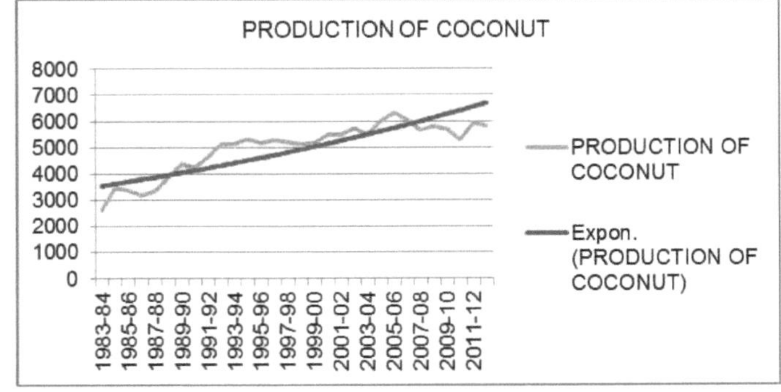


*Year*

Figura 21. Valores reais e de tendência da produção de coco

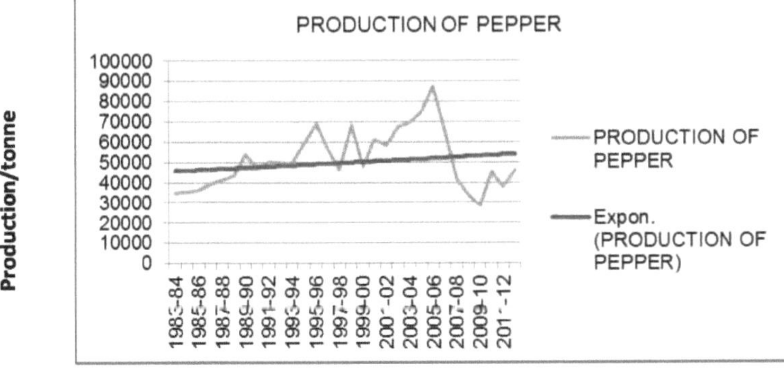


*Year*

Figura 22. Valores reais e de tendência da produção de pimento

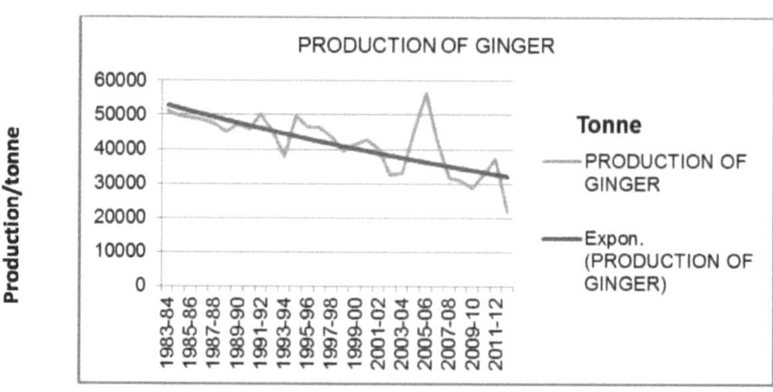


Figura 23. Valores reais e de tendência da produção de gengibre

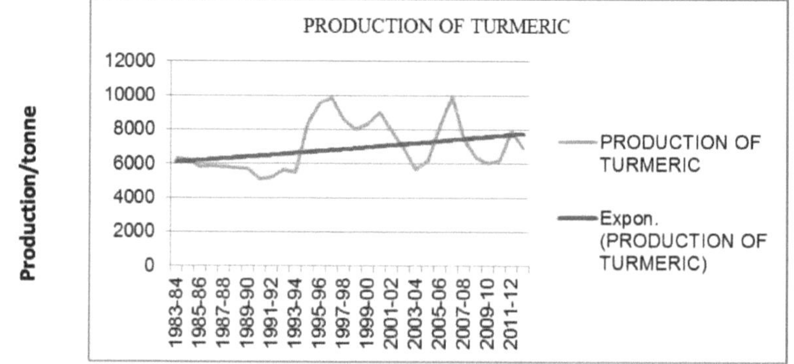


Figura 24. Valores reais e de tendência da produção de curcuma

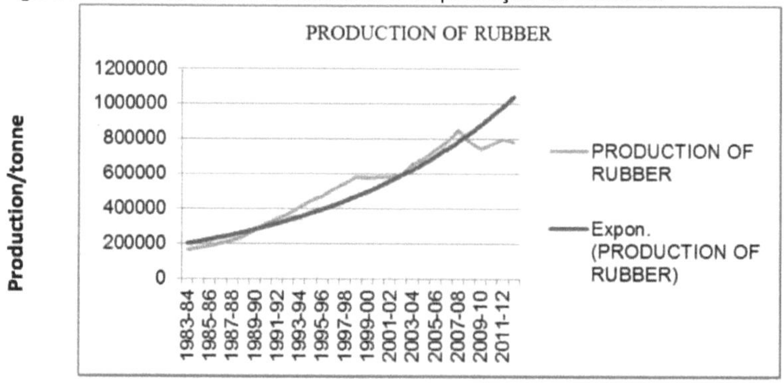


Figura 25. Valores reais e tendenciais da produção de borracha

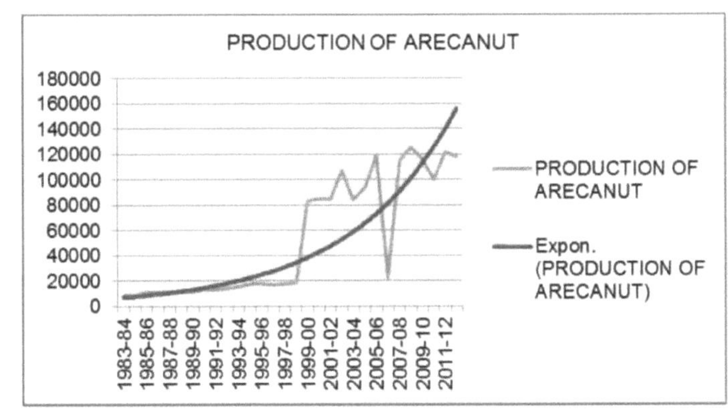


Figura 26. Valores reais e tendenciais da produção de areca

## 1.4 Tendências da produtividade

A análise dos níveis de rendimento de diferentes culturas indicou tendências mistas durante o período em análise. O arroz, a tapioca, a banana e outros plátanos são as principais culturas alimentares cultivadas no Estado. As taxas de crescimento composto da sua produtividade são apresentadas no Quadro (2.4). Entre as culturas alimentares, o arroz representa quase 95 por cento dos grãos alimentares produzidos no Estado. A produtividade por hectare da cultura registou um aumento constante e o Estado conseguiu manter um nível de produtividade superior à média nacional durante os anos noventa. Mas não foi suficiente para compensar a perda de produção devido ao declínio da área cultivada. Apesar do aumento substancial da produtividade, a produção de tapioca diminuiu devido ao declínio acentuado da área. O coco e o pimento são as principais culturas hortícolas cultivadas em Kerala. Em comparação com as culturas alimentares, as culturas hortícolas em geral registaram uma melhor tendência de crescimento da produtividade.

Quadro 3: Taxas de crescimento composto da produtividade das principais culturas em Kerala (1984-1993, 1994-2003 e 2004-2013)

| Sl.no: | Crops | period 1 1984-1993 (%) | period 2 1994-2003 (%) | period 3 2004-2013 (%) | Overall period 1984-2013 (%) |
|---|---|---|---|---|---|
| 1 | Rice | 1.98 | 1.49 | 2.54 | 1.48 |
| 2 | Tapioca | 1.98 | -2.09 | 4.22 | 2.47 |
| 3 | Coconut | 3 | 0.76 | 0.97 | 1.89 |
| 4 | Pepper | -0.3 | -0.91 | 3.05 | 0.21 |
| 5 | Ginger | 2.38 | 0.69 | 4.13 | 1.94 |
| 6 | Turmeric | 0.7 | 1.04 | 2.44 | 1.28 |
| 7 | Rubber | 5.15 | 7.57 | 0.09 | 4.22 |
| 8 | Areca nut | 4.31 | 23.76 | 5.14 | 8.79 |

Sendo o coco a cultura que ocupa a maior superfície da área cultivada líquida e que sustenta a grande maioria da comunidade agrícola, a prosperidade rural de Kerala está estreitamente ligada à sorte desta cultura. A produtividade média também registou um ligeiro declínio de 2,5% em 2004-05 em comparação com o ano anterior de 2003-04. Os níveis de produtividade em Kerala são também inferiores aos de outros grandes Estados produtores. Durante o período em análise, a produtividade do pimento registou o seu nível máximo em 1998-99 e o seu nível mais baixo em 1984-85.

**Gráficos com valores reais e de tendência**

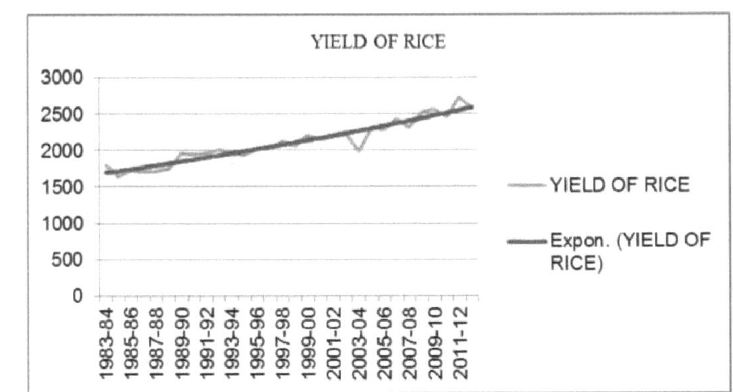

Figura 27. Valores reais e de tendência da produtividade do arroz

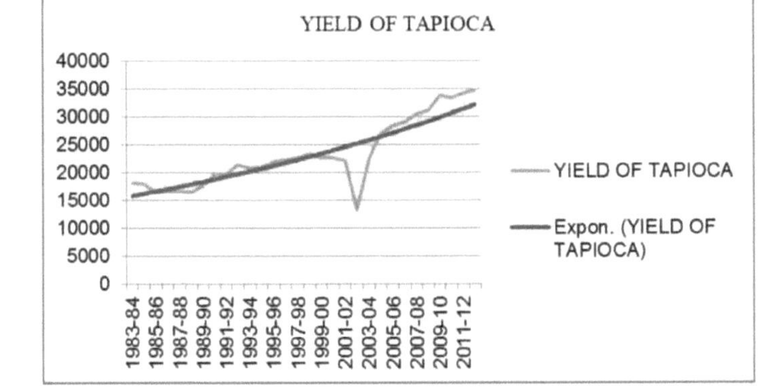

Figura 28. Valores reais e de tendência da produtividade da tapioca

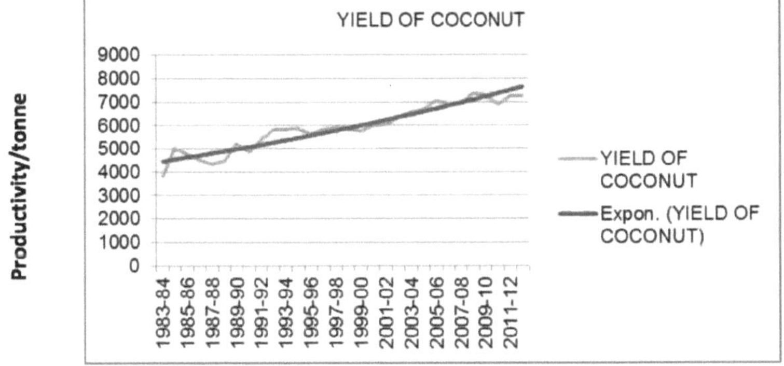

Figura 29. Valores reais e de tendência da produtividade do coco

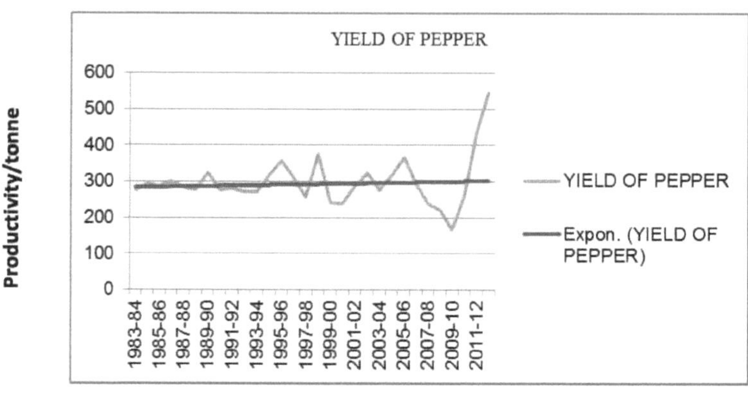


*Year*

Figura 30. Valores reais e tendenciais da produtividade da pimenta

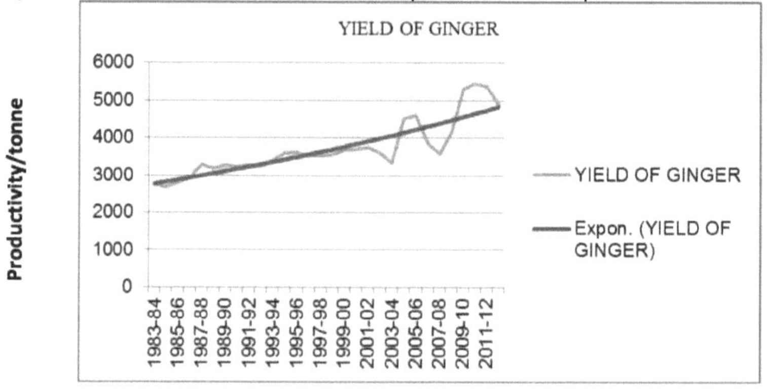


*Year*

Figura 31. Valores reais e de tendência da produtividade do gengibre

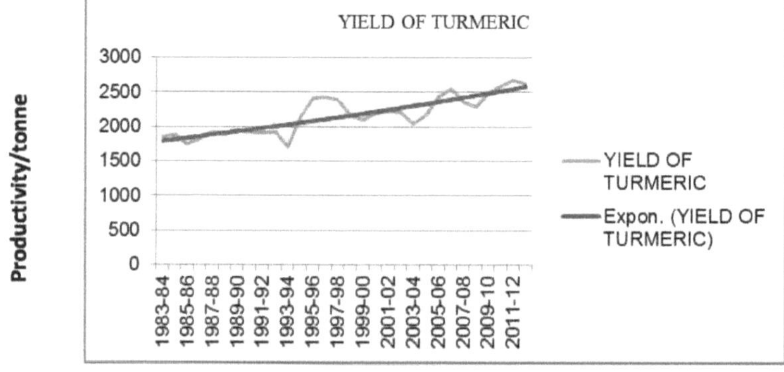


*Year*

Figura 32. Valores reais e de tendência da produtividade da cúrcuma

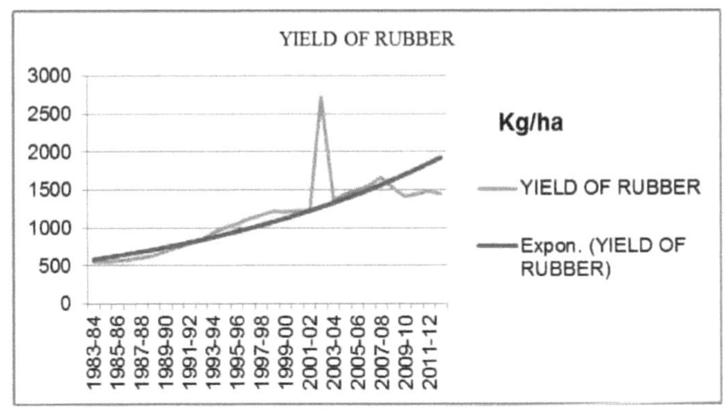


*Year*

Figura 33. Valores reais e tendenciais da produtividade da borracha

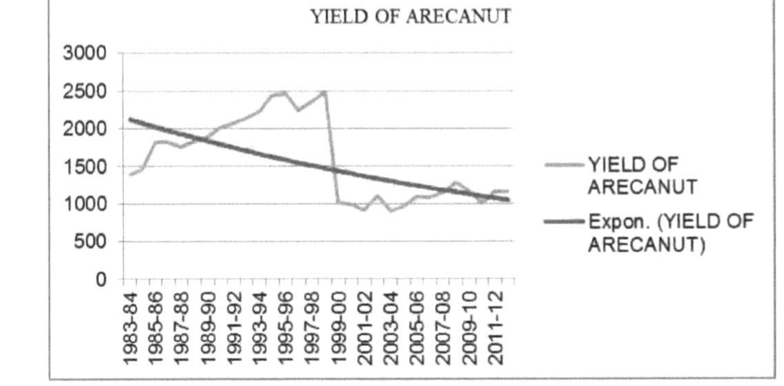


*Year*

Figura 34. Valores reais e de tendência da produtividade do Arecanut

### Table 3.  Índice de Herfindahl

| YEAR | PERIOD 1 1884-93 | PERIOD 2 1994-03 | PERIOD 3 2004-13 |
|------|------------------|------------------|------------------|
| 1 | 0.2511 | 0.2599 | 0.2711 |
| 2 | 0.2515 | 0.2642 | 0.2666 |

| 3 | 0.2509 | 0.2649 | 0.2676 |
| --- | --- | --- | --- |
| 4 | 0.2487 | 0.2641 | 0.2708 |
| 5 | 0.2487 | 0.2653 | 0.277 |
| 6 | 0.2549 | 0.2692 | 0.276 |
| 7 | 0.2512 | 0.2676 | 0.2745 |
| 8 | 0.2591 | 0.2718 | 0.277 |
| 9 | 0.2572 | 0.2683 | 0.3039 |
| 10 | 0.2595 | 0.269 | 0.3055 |
| AVERAGE | 0.2533 | 0.2664 | 0.279 |

Índice de Hefindahl (HI) O índice de Hefindahl é a soma dos quadrados da proporção da área de cada cultura na área total cultivada. Atinge um valor máximo de 1 quando N = 1, ou seja, quando existe uma única cultura ou quando ocorre uma especialização completa. Com o aumento da diversificação, o índice diminui. No primeiro período, a diversificação das culturas é maior porque o índice é menor. No segundo e terceiro períodos, a diversificação das culturas é reduzida. Se o índice estiver a aumentar, ocorrem mudanças de muitas culturas para culturas únicas. Um pouco mais de diversificação no terceiro período quando se compara o período de liberalização com o período pós-liberalização.

**4.5 Modelo de decomposição de Hazell**

**Table 4.** **A área, o rendimento e os efeitos de interação na produção de culturas. (Período pré-liberalização) 1984-1993**

| Sl.no: | Crops | Area Effect | Yield Effect | Interaction Effect |
|--------|-------|-------------|--------------|--------------------|
| 1 | Rice | -180.1 | 94.3 | -14.2 |
| 2 | Tapioca | -121.8 | 27.1 | -5.4 |
| 3 | Coconut | 65.4 | 29 | 5.7 |
| 4 | Pepper | 97.2 | 2.1 | 0.6 |
| 5 | Ginger | -341.5 | 298.1 | -56.7 |
| 6 | Turmeric | -146.1 | 52.6 | -6.5 |
| 7 | Rubber | 45.1 | 43.3 | 11.6 |
| 8 | Areca nut | 17.3 | 78.5 | 4.2 |

### 5.5.1 Período pré-liberalização (1984-1993)

Durante o primeiro período (1984-1993), o efeito de área contribuiu para o aumento da produção de coco, pimenta, borracha e noz de areca, enquanto o efeito de rendimento contribuiu mais para o aumento da produção de arroz, tapioca, coco, pimenta, gengibre, curcuma, borracha e noz de areca. A diminuição da produção de gengibre e curcuma deveu-se a um efeito de área negativo, apesar de um rendimento positivo, especialmente para o gengibre.

O efeito de interação da borracha e da noz de areca constitui o maior entre todas as outras culturas para o aumento da produção destas culturas. A borracha contribui com 11,6% e a noz de areca com 4,2%. O aumento tanto da área como do rendimento pode dever-se a melhorias tecnológicas substanciais e a outros factores exógenos, como o aumento do preço ou os incentivos dados a estas culturas.

Quadro 6: A área, o rendimento e os efeitos de interação na produção de culturas. (Período de liberalização) 1994-2003

| Sl.no: | Crops | Area Effect | Yield Effect | Interaction Effect |
|---|---|---|---|---|
| 1 | Rice | -127 | 37.3 | -10.3 |
| 2 | Tapioca | -106.1 | 6.3 | -0.2 |
| 3 | Coconut | -4.4 | 104.6 | -0.1 |
| 4 | Pepper | 73.7 | -167.9 | -5.8 |
| 5 | Ginger | -128.6 | 31.9 | -3.3 |
| 6 | Turmeric | 5 | 94.6 | 0.4 |
| 7 | Rubber | 12.2 | 82.7 | 5.1 |
| 8 | Arecanut | 7.5 | 78.64 | 13.85 |

## 4.5.2 Período de liberalização (1994-2003)

A produção de arroz, tapioca, pimento e curcuma aumentou, para o que contribuiu o rendimento do arroz e da tapioca, apesar do efeito negativo da área. Isto revela que o rendimento poderia ser sustentado mas, apesar disso, o crescimento da área não foi suficiente para satisfazer as necessidades de consumo do Estado. No que respeita às culturas comerciais, culturas como a pimenta, a borracha e a noz de areca contribuíram para o aumento da produção. Neste período, apesar de um efeito de rendimento positivo, a produção de arroz e tapioca diminuiu. Todas as outras culturas são culturas comerciais que dependem do mercado (análise económica).

O efeito de interação positivo e elevado da borracha (5,1%) e da noz de areca (13,85%) mostra que a interação entre a área e o rendimento contribui substancialmente para o aumento da produção. O aumento do rendimento pode dever-se a melhorias tecnológicas e outros factores, como o preço, os incentivos e o lucro, contribuíram para o aumento da área.

Tabela 7. A área, o rendimento e os efeitos de interação na produção das culturas. (Período pós-liberalização) 2004-2013

| Sl.no: | Crops | Area Effect | Yield Effect | Interaction Effect |
|---|---|---|---|---|
| 1 | Rice | -229.2 | 162.8 | -33.6 |
| 2 | Tapioca | -532.4 | 562.5 | -130.1 |
| 3 | Coconut | -189.3 | 99.7 | -10.4 |
| 4 | Pepper | -94.5 | -8.3 | 2.9 |
| 5 | Ginger | -140.4 | 57.6 | -17.2 |
| 6 | Turmeric | -41.3 | 146.9 | -5.6 |
| 7 | Rubber | 61.3 | 35.7 | 2.9 |
| 8 | Areca nut | 74.51 | 24.61 | 0.86 |

### 4.5.3 Período pós-liberalização (2004-2013)

Neste período, a produção é positiva em todas as culturas, com exceção do pimento. Para a tapioca, o arroz e o açafrão-da-terra, um efeito de rendimento muito elevado compensa um grande declínio na área. O rendimento pôde ser sustentado mas, apesar disso, o crescimento da área não foi suficiente para satisfazer as necessidades de consumo do Estado. As únicas culturas cuja produção aumentou foram o arroz, a tapioca, o coco, o gengibre, a cúrcuma, a borracha e a noz de areca. Para a tapioca e o arroz, um efeito de rendimento muito elevado compensa um grande declínio na área. No caso da curcuma, o efeito do rendimento foi maior, mas o efeito negativo da área foi menor. No caso da borracha e da noz de areca, a produção deve-se ao elevado aumento da área. Para a borracha e a noz de areca, tanto o efeito da área como o do rendimento são positivos e contribuem quase igualmente para a produção. O aumento do rendimento, associado a outros factores favoráveis, como o preço elevado e os incentivos do governo, leva os agricultores a cultivar borracha, mesmo numa parcela marginal.

### 4.9 Causas/determinantes das mudanças de cultura e de uso da terra

A lógica económica subjacente à mudança de culturas, explicada por vários autores, foi a maximização do rendimento por hectare, abordagem seguida pelos agricultores (Oomman, 1963). Os factores de preço e não-preço, tais como o aumento da taxa salarial e uma vantagem relativa de preço a favor das culturas de cereais não-alimentares e o desenvolvimento mal concebido de factores críticos como a gestão da água e o desenvolvimento da terra (Kannan e Pushpangadan, 1988), a isenção das culturas de plantação da lei da reforma agrária e as actividades promocionais do Governo na área das plantações e das culturas de rendimento (pillai,), etc., encorajaram os agricultores de Kerala a optar por culturas de rendimento mais valorizadas ou por culturas de rendimento mais valiosas. Estes factores incentivaram os agricultores de Kerala a optarem, sempre que possível, por culturas de rendimento ou plantações de maior valor e a reduzirem ao mínimo a superfície cultivada com arroz e outros cereais alimentares.

# CAPÍTULO 5

## RESUMO E CONCLUSÃO

A dinâmica da mudança de culturas, de culturas alimentares para culturas não alimentares/comerciais, e a razão por detrás desta mudança foram o principal objetivo deste estudo. A mudança de culturas teve lugar principalmente no período pós-liberalização, altura em que se verificou a falta de mão de obra. Os agricultores e também os trabalhadores começaram a aderir ao MNREGA. Assim, a disponibilidade de mão de obra é reduzida e os encargos laborais também aumentam. Assim, os agricultores mudam as culturas anuais para culturas perenes. Assim, as forças subjacentes às mudanças de cultura foram identificadas como as medidas governamentais que começam com as políticas fundiárias e laborais e outras medidas institucionais subsequentes para apoiar a produção orientada para o comércio. Isto mostra claramente a ausência de uma organização para os agricultores continuarem a cultivar e representarem os seus problemas. Na ausência desta organização, os agricultores recorreram a uma abordagem de maximização do rendimento, como parte da nacionalidade camponesa, o que levou a uma mudança no padrão de cultivo. Em resultado dessa mudança de cultura, a produção agrícola diminuiu drasticamente. Este facto foi analisado através da análise de decomposição e verificou-se que o efeito de área tem contribuído mais para o aumento da produção de culturas alimentares como o arroz. Tapioca. A conversão em grande escala de arrozais em coqueiros e nozes de areca tem de ser controlada, uma vez que as zonas húmidas estão a ser destruídas em Kerala.

A utilização indiscriminada de terras para culturas com fins lucrativos conduzirá a graves problemas ambientais no Estado. Além disso, a conversão inicial de terras de arroz em coqueiros e nozes de Areca pode, em última análise, conduzir a utilizações não agrícolas das terras, em detrimento da segurança alimentar e do ambiente. É mais do que tempo de adotar medidas a longo prazo para o relançamento da cultura do arroz, a fim de preservar as terras de arroz existentes para a produção do mesmo. Em todos os Estados, a agricultura é incentivada, ao contrário de Kerala, onde os incentivos são comparativamente maiores, principalmente para o cultivo da borracha.

As taxas de crescimento composto de cada cultura durante os três períodos e o período total dão os seguintes resultados

1. A principal cultura alimentar, o arroz, apresenta uma tendência decrescente da taxa de crescimento em cada período. A cultura apresenta taxas de crescimento negativas, com o maior declínio a registar-se no terceiro período. O declínio da área deve-se à conversão em grande escala da área de arroz para outra cultura e também para outros fins não agrícolas.

2. A área cultivada com tapioca, que é um cereal substituto do arroz, também seguiu o mesmo padrão de declínio nas taxas de crescimento. No caso da tapioca, a taxa de declínio é a mais elevada no segundo período. A tendência para a conversão da superfície de culturas alimentares em culturas de rendimento é visível a partir de 1975. Também aqui se pode atribuir a mesma razão.

3. As taxas de crescimento composto da cultura de rendimento, o coco, mostram um aumento em que, no primeiro período, a taxa de crescimento é negativa. Mas recuperou no segundo período. A taxa de crescimento positiva mais elevada regista-se no segundo período. A maior parte dos estudos sobre o padrão de cultivo de Kerala mostrou a tendência do coco e da noz de Areca para o ganho de área em relação ao arroz.

4. A cultura de plantação de borracha é a próxima a ganhar na área durante o segundo período.

5. No segundo período, o pimento registou a maior taxa de crescimento da área entre as outras culturas. No mesmo período, registou-se o maior declínio da área cultivada com tapioca e um declínio relativamente maior para o arroz. Durante este período, registou-se uma mudança no padrão de cultivo das culturas alimentares para as culturas não alimentares, o que é confirmado por esta análise.

6. Em 30 anos de análise das taxas de crescimento composto da área, a taxa de crescimento do arroz, que é a cultura predominante no Estado, diminuiu à taxa de 4,52%, juntamente com a outra cultura alimentar, a tapioca,

com um declínio de 3,58%.

7. Os principais ganhos são a borracha, a pimenta e a noz de areca. A borracha atinge a taxa de crescimento positiva mais elevada e a taxa negativa mais elevada é registada pela tapioca e, a seguir, pelo arroz.

Através do cálculo do índice de diversificação das culturas, é possível constatar as diversidades no padrão das culturas. A medida de diversificação revela que existe uma diversificação ligeiramente maior em Kerala e muito elevada a nível distrital. Entre os vários índices de diversificação, é calculado um índice (índice Herfindahl) para estudar a diversificação das culturas.

Em Kerala, a conversão das zonas húmidas aumentou muito no período da liberalização. As zonas húmidas são convertidas para o cultivo de cocos e nozes de areca e muitas pessoas utilizam as terras para fins de construção. Por isso, o Governo de Kerala apresentou um projeto de lei para conservar as terras de arroz e as zonas húmidas e para restringir a sua conversão ou recuperação no Estado de Kerala.

Até há pouco tempo, Kuttanad, Palakkad e outros campos de arroz de Kerala continuavam a ser os celeiros do Estado de Kerala. Mas a situação alterou-se nas últimas décadas. Verificou-se uma mudança alarmante da cultura do arroz e dos alimentos de subsistência para as culturas de rendimento. A área cultivada com arroz diminuiu drasticamente de mais de oito milhões de hectares no início da década de 1970 para cerca de dois milhões de hectares na década de 2000, principalmente devido à conversão das terras de arroz. O Kerala importa mais de oitenta por cento das suas necessidades de arroz de outros Estados. Várias mudanças sociais, económicas e culturais levaram à conversão dos arrozais. Os arrozais de todo o Kerala enfrentam graves ameaças, uma vez que estão a ser convertidos em plantações de culturas de rendimento. Até os pântanos estão a ser enchidos para novas construções. A maioria dos proprietários de terras considera que o cultivo sustentado de arroz não é economicamente viável e deseja mudar para culturas e padrões de cultivo mais remuneradores. A conversão dos arrozais conduziu a uma enorme degradação ecológica na região da bacia hidrográfica, à redução da formação de húmus, à intensificação da erosão dos solos, que afectou a sua fertilidade, à redução do nível da água nos poços e lagoas, etc. O sistema ecológico perde irrecuperavelmente a sua qualidade para sempre e toda a sociedade fica a perder. Esta situação conduziu à perda de empregos diretos e indirectos para os trabalhadores agrícolas e as mulheres rurais. Os pobres das zonas rurais terão de enfrentar uma escassez de água mais grave do que a atual. Perderam o acesso a alimentos ricos em nutrientes e de baixo custo, que estavam disponíveis nos arrozais e nas suas imediações. Atualmente, a maioria não tem consciência do verdadeiro valor da perda de recursos e das suas consequências para as condições de subsistência, nem da gravidade do problema. É muito provável que as terras de arroz remanescentes desapareçam num futuro próximo, se a política atual continuar.

# CAPÍTULO 6

## REFERÊNCIA

### A. LIVROS


Agarwal, H.S., 1988, "Advanced Economic Theory", Sivalal Agarwala and Company Educational Publishers, Agra, p. 229.

Ahuja, H.L., 1983, "Modem Micro Economic Theory and Applications", (S. Chand and Company Ltd., New Delhi), p. 220-221.

Bilgrami, E.A. 1996, "An Introduction to Agricultural Economics", (Oxford University Press, New Delhi), p. 35

Debertin, L, 1986, "Agricultural Production Economics, (McMillan Publishing Co.Inc., Nova Iorque), p.98

Donald, E.J. e John Malone, 1981, "Introduction to Agricultural Economics," (Nova Iorque: McMillan Publishing Co, Nova Iorque), p. 25

Ferguson, C.E., 1981, Microeconomic Theory, (U.S.A.: Home Woods Illinois), p.97.

Heady, H. O. E, 1957, Economics of Agricultural Production and Resource Use, (Nova Iorque: Eagle Wood Cliffs, M. J. Prentice Hall Inc.), p. 98.

Johl, S.S. e T.R. Kapur, 1981, "Fundamentals of Farm Business Management", (Kalyani Publishers, Bombaim).

Maddala, G.S. e E. Miller 2004, "Micro Economics: Theory and Applications", (Tata McGraw Hill Publishers, Nova Deli), p. 180.

Mishra e Gupta 1975, "Consumption Pattern in India - A Study of Inter Regional Variations", (Tata McGraw Hill Publishing Company Ltd. Bombay), p. 5255

Palanisami, K. Paramasivama, P. e C.R. Ranganathan, 2002, "Agricultural Production Economics: Analytical Method and Application", (Associated Publishing Company, New Delhi).

Pande, G.C., e D.M. Mithani 1990, "Encyclopaedia Dictionary of Economics" (New Delhi Ammal Publications), p. 378.

Reekie, W.D., e J.N. Crook 1998, "Managerial Economics," (Heritage Publishers, New Delhi), p. 181-182.

Salvatore, Dominick, 2003, "Micro Economics - Theory and Application", (Oxford University Press, Nova Iorque), p. 65-71.

Samuelson e Nordhaus, 1998, "Economics", (Me Graw Hill Publishing Company Ltd; Nova Deli), p. 107-116.

## B. PUBLICAÇÕES PERIÓDICAS, DOCUMENTOS E RELATÓRIOS

Acharya S.S (2003): "Crop Diversification in Indian Agriculture", Agriculture Situation in India, agosto, Número Especial.

Bastine, C.L. e K.P. Palanisami (1994): "An Analysis of Growth Trends in Principal Crops in Kerala", Agricultural Situation in India, Vol.48, No.12.

George M.V (1965): "Impact of Relative Changes in Prices on the Cropping Pattern of Kerala", Indian Journal of Agricultural Economics, Vol.20, No.1.

Jayakumar G. e Velayudhan K.V (2002): "Kerala Economy: A Special Feature", Southern Economist, Dezembrol-15.

Joseph K.J (1996): "Kerala's Agriculture: Its Evolving Structure with respect to Cropping Pattern Changes- A Markov Chain Analysis", parte da tese de doutoramento em Economia Agrícola, trabalho apresentado no

Oitavo Congresso Científico de Kerala, janeiro, Kochi.

Kannan K.P. e Pushpandadhan K. (1988): "Agricultural Stagnation in Kerala: An Exploratory Analysis", Economic and Political Weekly, Vol.23, No.39, 24 de setembro.

Krishnan M, Vasisht A.K e Sharma B M (1991): "Growth and instability in Kerala Agriculture", Agricultural Situation in India, Vol.46, No.1.

Lakshmi K. R. e T. K. Pal (1988): "Growth of Crop Output in Kerala", Agricultural Situation in India, Vol.43, No.9.

Mahesh, R. (1999): "Causes and Consequences of Change in Cropping Pattern: Location- specific study", Documento de discussão, Kerala Research Programme on Local Level Development, Centre for Development Studies, Thiruvananthapuram.

Mani K.P e Jose P.P (1997): "Shift in Cropping Pattern in Kerala- An Inter-District Analysis", Indian Journal of Agricultural Economics, Vol.52, No.3, pp.433.

Oommen M.A (1963): "The Economics of Cropping Pattern- A Case Study of Kerala", Indian Journal of Agricultural Economics, Vol.18, No.1.

Pillai P.P (1994): Agricultural Development, in Kerala Economy Four Decades of Development, Institute of Planning and Applied Economic Research, John Matthai Centre, University of Calicut.

Radhakrishnan V, E. K. Thomas e K. Jessy Thomas (1988): "Performance of Rice Crop in Kerala", em Kerala's Development Experience (ed) de M.A. Oommen, Institute of Social Sciences.

Sivanandan, P.K (1983): "Kerala's Agricultural Performances: Differential Trends and Determinants of Growth", Dissertação de Mestrado, Centro de Estudos para o Desenvolvimento, Thiruvananthapuram.

Venkiteswaran S (1984): "Changing Cropping Pattern and Food Economy of Kerala", Agriculture Situation in India, Vol.39, No.1.

Printed by Books on Demand GmbH, Norderstedt / Germany